世界历史穿越报

SHIJIE LISHI CHUAN YUE BAO

用有趣的文字
讲真实的历史

国王与革命

彭凡 / 著

全国百佳图书出版单位
化学工业出版社
·北京·

图书在版编目（CIP）数据

世界历史穿越报. 国王与革命/彭凡著. —北京：化学工业出版社，2022.1（2023.11重印）
ISBN 978-7-122-40084-0

Ⅰ.①世… Ⅱ.①彭… Ⅲ.①世界史-儿童读物 Ⅳ.①K109

中国版本图书馆CIP数据核字（2021）第208604号

责任编辑：孙　炜　　　　　　　　文字编辑：刘　璐
责任校对：田睿涵　　　　　　　　装帧设计：尹琳琳

出版发行：化学工业出版社（北京市东城区青年湖南街13号　邮政编码100011）
印　　装：天津图文方嘉印刷有限公司
710mm×1000mm　1/16　印张12　2023年11月北京第1版第3次印刷

购书咨询：010-64518888　　　　　售后服务：010-64518899
网　　址：http://www.cip.com.cn
凡购买本书，如有缺损质量问题，本社销售中心负责调换。

定　　价：39.80元　　　　　　　　　　　　　　　版权所有　违者必究

世界历史穿越报
·国王与革命·

前 言

每个民族，都有自己的过去。

每个国家，都有自己的历史。

那么，那些跟我们不同肤色、不同语言的人们，他们又是从哪里来的呢？

他们会不会和我们一样，也有自己的黄河母亲？

他们是怎么学会说话和写字的？

他们也爱吃米饭跟馒头吗？

他们也穿丝绸做的衣裳吗？

他们也有皇帝吗？他们的皇帝跟我们的皇帝一样拥有至高无上的权力吗？

他们创造过哪些了不起的成就和辉煌呢？

也许，他们有很多跟我们一样的地方，但他们一定也有很多跟我们不一样的地方。

为了搞清楚这些问题，我们报社的工作人员全体出动，乘坐时光机，穿越遥远的时空，去探访世界各地的人们曾经是怎么生活的，去见证在他们身上发生过哪些波澜壮阔的事情。

我们将采访到的一切，都刊登在《世界历史穿越报》中。我们将报纸做成一个合订本，每册有10~12期。这套《世界历史穿越报》一共有十个合订本，分别记录了我们在不同时空、不同国家的所见所闻。

  每一期报刊都是我们冒着生命危险，辛苦采访和探寻的结晶，相信里面精彩的栏目和内容一定会让你大饱眼福——

  "世界风云"是主打栏目。这里刊登的全是世界大事，譬如国家的诞生、战争与荣耀，以及帝王的生平事迹，等等。

  "自由广场"是一个有趣的栏目。这里刊登了我们在各个时空的酒吧中搜集的各种奇奇怪怪的言论。你会发现，古人和今人一样，也喜欢聚在一起讨论各种八卦新闻呢。

  "奇幻漂流"是我们专门为历史人物设立的一个来信栏目。他们遇到疑惑和烦恼，会给报社来信，我们有专业的编辑贴心为他们解答疑惑，抚慰他们的心灵。

  "名人来了"是一个采访栏目。我们派出报社最八卦、最大胆的记者越越，去采访当时最杰出、最有争议的名人，挖掘他们的内心世界，将他们最真实的一面展现给大家。

  另外，我们还有"智慧森林""嘻哈乐园""广告贴吧"等栏目，为大家展现当时最先进的科学技术，最时髦的文化潮流，以及一些五花八门的广告、漫画等，一定让你目不暇接，忍俊不禁。

  最后，我们希望读者们能够通过这套报刊，学到知识，认识世界，然后成为一个视野开阔、见识广博的人。

目　录

第❶期　欧洲打成一团

【顺风快讯】	捷克发生"飞人事件"	2
【自由广场】	波西米亚对阵奥地利	3
【世界风云】	欧洲打成一团	4
	"北方雄狮"古斯塔夫	6
【奇幻漂流】	我对皇帝失望透顶	9
【名人来了】	特约嘉宾：黎塞留	10
【广告贴吧】	禁止郁金香买卖	12
	寻找匿名作者	12
	名人名言	12

第❷期　掉了脑袋的国王

【顺风快讯】	开往北美的"五月花"号	14
【世界风云】	国王和议会的恩恩怨怨	16
	国王被送上断头台	19
	不是国王的国王	21
【自由广场】	海上霸主只有一个	23
【奇幻漂流】	新国王会有新麻烦吗	24
【名人来了】	特约嘉宾：牛顿	25
【广告贴吧】	停业通知	27
	重建伦敦	27
	新式下午茶等您来品尝	27
	建立格林尼治天文台	27

第❸期　最奇葩的国王

【顺风快讯】　谁才是老大 …………………………………………… 29
【奇幻漂流】　要不要保留首相一职 ………………………………… 30
【世界风云】　凡尔赛宫：世上最奢华的宫殿 ……………………… 31
　　　　　　　太阳王和他的马屁精们 ……………………………… 32
　　　　　　　打个不停的太阳王 …………………………………… 35
【娱乐八卦】　世界第一"潮人" …………………………………… 37
【自由广场】　国王和他的艺术家们 ………………………………… 40
【名人来了】　特约嘉宾：路易十四 ………………………………… 41
【广告贴吧】　欢迎参加凡尔赛一日游 ……………………………… 43
　　　　　　　禁奢令 ………………………………………………… 43
　　　　　　　伤残军人安置规定 …………………………………… 43
【智者为王】　智者为王第 1 关 ……………………………………… 44

第❹期　彼得大帝和俄罗斯帝国

【顺风快讯】　弟弟夺权，姐姐下台 ………………………………… 46
【奇幻漂流】　我想出去走一走 ……………………………………… 47
【世界风云】　四处"取经"的小兵 ………………………………… 48
　　　　　　　这个皇帝管得宽 ……………………………………… 50
　　　　　　　波罗的海换了新主人 ………………………………… 53
【自由广场】　两位大帝谁最牛 ……………………………………… 55
【名人来了】　特约嘉宾：彼得一世 ………………………………… 56
【广告贴吧】　建都通知 ……………………………………………… 58
　　　　　　　年轻人的生活教科书 ………………………………… 58
　　　　　　　严禁工人逃跑 ………………………………………… 58

第 5 期　又一个日不落帝国

【顺风快讯】	荷兰人白捡了个国王	60
【自由广场】	英格兰与苏格兰合并	61
【奇幻漂流】	不会说英语的英格兰国王	62
【世界风云】	英国人在北美洲	64
	"黑洞事件"，英国人在印度	66
【名人来了】	特约嘉宾：乔治三世	68
【广告贴吧】	贩卖黑人	70
	大英博物馆对外开放	70
	种牛痘可以预防天花	70
	《格列佛游记》图书发布会	70

第 6 期　启蒙三剑客

【顺风快讯】	欧洲刮起"启蒙风"	72
【世界风云】	院长大人会写书	73
	他唤醒了人类	74
	发明简谱的哲学家	77
【自由广场】	谁是世界上最伟大的人	79
【奇幻漂流】	两个大师互掐，怎么办	80
【名人来了】	特约嘉宾：狄德罗	82
【广告贴吧】	牛顿的墓志铭	84
	求购房屋一套	84
	《忏悔录》，因真实而伟大	84
【智者为王】	智者为王第 2 关	85

第❼期 文艺青年和他的王国

【顺风快讯】 小王子离家出走 ... 87
【绝密档案】 普鲁士王国的建国史 ... 88
【自由广场】 乖宝宝和小野兽 ... 90
【世界风云】 "打"出来的大帝 ... 91
　　　　　　 人民的第一号公仆 ... 95
【奇幻漂流】 我要不要去普鲁士 ... 97
【名人来了】 特约嘉宾：腓特烈大帝 ... 98
【广告贴吧】 咖啡与啤酒宣言 ... 100
　　　　　　 强迫教育规定 ... 100
　　　　　　 赠送琥珀屋 ... 100
　　　　　　 欢迎购买《鲁滨孙漂流记》 ... 100

第❽期 一个让俄罗斯帝国崛起的德国女人

【顺风快讯】 皇后夺位，处死沙皇 ... 102
【绝密档案】 一个德国"灰姑娘"的逆袭史 ... 103
【世界风云】 她震惊了整个欧洲 ... 105
　　　　　　 波兰被三国瓜分了 ... 106
　　　　　　 "画"一样的村庄 ... 109
【奇幻漂流】 彼得三世没有死吗 ... 111
【自由广场】 欧洲最耀眼的明星 ... 112
【名人来了】 特约嘉宾：叶卡捷琳娜二世 ... 113
【广告贴吧】 波兰永不灭亡（节选） ... 115
　　　　　　 禁止发表反动言论 ... 115
　　　　　　 请放心地接种吧 ... 115

第❾期　美国诞生记

【顺风快讯】	波士顿的茶叶打了水漂	117
【世界风云】	列克星顿上空的枪声	118
	轰轰烈烈的北美独立战争	120
【奇幻漂流】	为什么北美人要反抗英国人	123
【自由广场】	这日子，战争英雄也过不下去了	125
【智慧森林】	避雷针，一项伟大而实用的新发明	126
【娱乐八卦】	小华盛顿砍树的故事	128
【名人来了】	特约嘉宾：华盛顿	129
【广告贴吧】	招聘铸造大师	131
	哈佛学院更名公告	131
	招聘牛仔	131
【智者为王】	智者为王第3关	132

第❿期　轰轰烈烈的法国大革命

【顺风快讯】	三级会议重新召开	134
【绝密档案】	爱开锁的国王和爱花钱的王后	135
【世界风云】	走，冲向巴士底狱！	137
【奇幻漂流】	醒醒吧，国王陛下	140
【世界风云】	又一个国王被砍了头	141
【自由广场】	革命就要结束了吗	143
【名人来了】	特约嘉宾：罗伯斯庇尔	144
【广告贴吧】	招御用裁缝	146
	三色旗为法国国旗	146
	献给人民之友——马拉	146
	共和国用共和历	146

第⑪期　拿破仑大帝

- 【顺风快讯】督政府差点儿被掀翻 148
- 【绝密档案】小个子英雄不简单 149
- 【世界风云】比阿尔卑斯山高一米七的人 150
- 　　　　　　给自己加冕的皇帝 153
- 【自由广场】我们的欧洲战神 155
- 【奇幻漂流】我想统治整个欧洲 156
- 【世界风云】拿破仑又回来了 157
- 【名人来了】特约嘉宾：拿破仑 159
- 【广告贴吧】布匹大甩卖 161
- 　　　　　　破译埃及象形文字 161
- 　　　　　　院士投票公告 161

第⑫期　拉丁美洲的大救星

- 【顺风快讯】第一个黑人共和国成立了 163
- 【世界风云】多洛雷斯的呼声 164
- 　　　　　　南北巨子会谈，圣马丁"出走" 166
- 【自由广场】圣马丁为何"让贤" 169
- 【奇幻漂流】我是不是该安静地走开 170
- 【世界风云】美国总统发布《门罗宣言》 171
- 【名人来了】特约嘉宾：玻利瓦尔 173
- 【广告贴吧】求集会门票 175
- 　　　　　　关于取消远征南美洲的计划 175
- 　　　　　　英美言和声明 175
- 【智者为王】智者为王第4关 176

【智者为王答案】 177

【世界历史大事年表】 179

第 1 期

【公元 1618 年—1648 年】

欧洲打成一团

穿越必读

1618 年—1648 年，欧洲爆发了有史以来的第一次大规模的国际战争。神圣罗马帝国、西班牙、捷克、法国、英国、荷兰、瑞典、丹麦、俄国等欧洲国家卷入了这场战争，战火烧遍了大半个欧洲大陆。这场战争是两次世界大战之前欧洲历史上破坏性最大的一次战争，也是欧洲近代史的开端。

顺风快讯

捷克发生"飞人事件"
——来自捷克首都布拉格的特别快讯

（本报讯）1618年5月23日，波西米亚（今捷克）王宫的三楼窗户，突然"飞"出三个人影！

这是传说中的武林高手吗？当然不是！他们是斐迪南国王的三个大臣，是被人从窗户里面丢出去的！而事件的制造者居然是波西米亚的老百姓！

老百姓为什么要这样对待国王身边的大臣呢？

原来，这个斐迪南国王并不是波西米亚人，而是神圣罗马帝国派来的国王。早在1526年，波西米亚被神圣罗马帝国吞并的时候，帝国曾经郑重承诺过，一定会好好爱护这里的百姓。

可斐迪南当了这里的国王后，却没把当初的承诺当回事，对当地的新教徒疯狂镇压，还把人家的教堂给拆了。

老百姓忍无可忍，于是拿起武器冲进王宫，要找国王算账。谁知斐迪南听到风声，跑得比兔子还快。

老百姓翻遍了整个王宫，只捉住三个官员，气得七窍生烟。

这时，不知谁喊了一声："把他们扔出去！""对，摔死他们！"

可怜的官员就被五花大绑，从三楼的窗户丢了出去（史称掷出窗外事件）。

之后，波西米亚自己选了个国王，宣布独立，再也不受帝国的统治了！

自由广场

波西米亚对阵奥地利

西班牙某士兵

天啊,波西米亚组织了一支军队,要"打倒斐迪南"!这斐迪南可是神圣罗马帝国的皇帝!兔子怎么会是狮子的对手呢?

兔子当然打不过狮子啦!听说这次造反的波西米亚人的财产统统被没收了,带头的二十几号人也都被送上了绞刑架。整个波西米亚王国被降了一级,划到奥地利公国去了,惨啦!

英格兰某士兵

荷兰某士兵

这些年,新教徒与旧教——天主教徒势同水火。皇帝这么做,打击新教的意图也太明显了!波希米亚的失败,就是新教徒的失败!其他新教徒是不会坐视不管的!

好了,你们不要吵吵了。他们打得越热闹越好,等他们打疲了,打累了,咱们就过去捞点好处,不挺好吗?

法国某指挥官兵

世界风云

欧洲打成一团

大家都知道，神圣罗马帝国由几十个大大小小的邦国组成，皇帝是选出来的。各邦国表面上听皇帝的，实际上一部分邦国信新教，另一部分邦国信旧教（天主教），彼此都看不顺眼。

波西米亚的战败，让新教徒气得跳脚，他们发誓，一定要把天主教徒统统消灭掉！而天主教徒打了胜仗，也决定乘胜追击，把新教徒一网打尽！

于是，一场更可怕的战争爆发了！大家不约而同地划分成两个阵营。这时候，西班牙和荷兰正打得热火朝天呢！西班牙和神圣罗马帝国是一根藤上的两个瓜，当然站在天主教徒这一边。荷兰和英格兰站在新教徒这边，还自掏腰包，支持丹麦攻打奥地利。

这下可好，原本只是神圣罗马帝国的家务事，一下子升级为欧洲大战！丹麦和瑞典的国王甚至亲自带兵杀敌，比给自己打仗还上心。

只有法兰西是个例外，它本来是个天主教国家，却躲在后面偷偷地支援瑞典，想借这个机会，削弱德国的势力，称霸欧洲。瑞典被打败了，它才

开始出兵。

就这样,整个欧洲被打得鸡飞狗跳,一片狼藉。

打到公元1648年,皇帝实在顶不住了,只好坐下来,和各国达成和解,并签订了一个国际和约——《威斯特伐利亚和约》。

这场战争打了30年,是欧洲有史以来持续时间最长的一次战争(史称三十年战争)。之后,荷兰和瑞士正式宣告独立,法国和瑞典也获得了大片领土,一跃成为欧洲强国。而西班牙则从此彻底失去了海上霸主的地位。

最惨的是德国,因为是主战场,到处都是被炮火摧残的村庄。一个人走上二三十英里路,都见不到一只活生生的动物,别说是人,就连只小鸟的影儿也看不到。

从这以后,神圣罗马帝国就像一个泄了气的皮球一般,一下子就瘪了。其他的邦国,也都不再听它的话了。

打人别打脸,行吗?

世界风云

"北方雄狮"古斯塔夫

在三十年战争中，瑞典出了个大英雄，那就是他们的国王古斯塔夫·阿道夫。

古斯塔夫从小就聪明过人，11岁就和大臣们坐在一起商讨国事，一有空，就向军官们请教一些军事知识。

有一次，他的父亲带他视察舰队。

官员们问他："您最喜欢哪艘船呢？"

古斯塔夫回答："载炮最多的那一艘。"

还有一次，他和父亲一起出去散步，古斯坦夫想一个人去树林里玩，有人吓唬他说，"树林里有蛇！"

古斯塔夫却说："那我就一棍子打死它！"

在场的人听了都不相信而哈哈大笑。他的父亲很高兴，并严肃地告诉大家："你们以为他不敢吗？他确实可以做得到！"

古斯塔夫16岁征战沙场，17岁就当上了瑞典的国王，因为像狮子一样勇猛，人送绰号"北方雄狮"。这时的瑞典缺兵少粮，人心不稳，常常受其他国家欺负。古斯塔夫年轻气盛，登基后马上跟丹麦打了一仗，却被丹麦打得一败涂地。为此，古斯塔夫决定对瑞典来一次"大手术"。

在这之前，欧洲流行"雇佣兵"。

我要重整军队！

世界风云

雇佣兵们都是冲钱办事，谁给的钱多，就给谁卖命，很不靠谱。

古斯塔夫对这些雇佣兵十分鄙视。他在瑞典实行普通征兵制，规定所有15到40岁的男子都有义务服兵役，要求士兵们要勇敢，也要忠诚，凡是违反军纪的，一律严惩不贷。统帅和士兵同吃同住同训练，培养了很深的感情。

除此之外，他还创造了许多个"第一"——他是第一个给士兵们发放薪水和土地的国王，第一个统一了大炮口径的国王，第一个让士兵们穿上了整齐划一的军装的国王……

经过这一系列改革，瑞典的军队焕然一新。很快他们就打败波兰，夺取了几乎整个波罗的海沿岸。

1630年，古斯塔夫率领军队加入了三十年战争，第二年就打了个大胜仗，为瑞典赢得了前所未有的威望。可惜，在最后一次战争中，古斯塔夫像以往一样冲在前面，却不幸中弹身亡，终年38岁。

主帅战亡，对任何一支军队来说，都是一场灾难！但令人震惊的是，古斯塔夫的军队没有慌乱，也没有后退，而是高喊着"为国王报仇"的口号，向敌军发起了更猛烈的攻击，最终抢回了国王的尸体，取得了最后的胜利。

更令人震惊的是，古斯塔夫死后，瑞典的军队仍然十分强大。从这以后，欧洲的军队都开始向瑞典学习。古斯塔夫也因此被人们尊为"现代战争之父"。

统一口径！

我对皇帝失望透顶

编辑老师：

　　您好。我是华伦斯坦，没错，我就是和古斯塔夫并称为"战争双雄"的华伦斯坦。

　　这些年，我打了不少胜仗。给我印象最深的，不是胜利后的欢呼，而是途中那些腐烂的尸体、烧焦的田地以及破败的村庄。仔细想想，战争除了带给我们伤害和破坏，还带来什么呢？

　　我认为，帝国的当务之急，不是和外敌作战，而是如何把各邦国团结起来，建立一个真正统一的帝国。

　　古斯塔夫死后，我觉得和平谈判的机会来了。可皇帝不但拒绝了我的建议，解除了我的职务，还给我扣上了通敌叛国的帽子。现在，我对这个皇帝失望透顶，我想私下去找瑞典和法国谈判，以我自己的力量实现和平，可以吗？

彷徨的华伦斯坦

尊敬的华伦斯坦先生：

　　您好。我们中国有句古话叫"木秀于林，风必摧之"，意思是高出森林的树，容易被风吹倒。也就是说，才能特别出众的人，容易招人嫉妒。

　　作为一个波西米亚人，您不花皇帝的一分钱，就自组军队，拯救了神圣罗马帝国，确实算得上是帝国的有功之臣。

　　可正因为您功高震主，皇帝早就想杀了您。如果您还私下联系法国、瑞典进行和谈，不就正好给了他一个杀掉您的理由吗？

　　所以，建议您不要再想什么和谈了，先保住小命要紧，赶紧想办法逃走吧！祝您好运！

编辑 穿穿

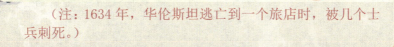

　　（注：1634年，华伦斯坦逃亡到一个旅店时，被几个士兵刺死。）

名人来了

特约嘉宾

黎塞留
（简称"黎"）

越越
（简称"越"）

嘉宾简介：法国首相，人称法国的"姜太公"。执政期间，正好赶上欧洲三十年战争。通过一系列的外交努力，提高了法国的国际地位，为法国开启了一个前所未有的大国时代。

越：（满脸堆笑）首相大人，您好。听说您的父亲一直为法国王室效劳，您能当上首相，是不是靠父亲的关系？

黎：（不悦）我看起来很像关系户吗？

越：像……（意识到自己失言）啊，不像不像！

黎：我们家虽是贵族，但我父亲死的时候，我们家连安葬他的钱都拿不出来。

越：啊，贵族也这么惨？

黎：并不是每一个贵族都过得很风光的，有的过得还不如老百姓。我父亲死后，我也只是当了一名又小又穷的主教。

越：那后来您是怎么逆袭的呢？

黎：后来我被选入三级会议，才有机会接触国王。有一年，国王和太后闹矛盾，我在中间做了下工作，让他们母子俩和好了。国王十分满意，就给我升了官。

越：那为什么后来太后却又哭又闹，让国王剥夺您的权力呢？

黎：我这些年平定了不少叛乱，这里面有太后的人，太后当然对我不满意了。

越：啊，您敢得罪太后？太后可是国王的亲娘！

黎：是啊，那时候，所有人都认为我的好日子到头了。包括我自己，也已经做好了离开的准备。

越：后来呢？

黎：你猜？

越：猜不出来.

黎：不但你没想到，我也没想到。国王不但没有把我赶

名人来了

　　走，还把太后和她的亲信赶出了王宫。
越：啊，不会吧？
黎：大家还以为国王在开玩笑，因为那天是愚人节。
越：看来国王把您看得比亲娘还重要。
黎：国王这样待我，我当然要对得起他，对得起法国。我的目标只有两个，第一，让国王更有威信；第二，让法国更强大。
越：所以您加入这次欧洲大混战？
黎：对。绝对不能让哈布斯堡王朝变强大了。他们强大了，对法国没有一点好处。
越：法国和哈布斯堡不是联姻了吗？大家都是亲戚了，有他们的好处，就有你们的好处啊！
黎：联姻是联姻，战争是战争，两码事！
越：啊，还能这么做？
黎：只要是对法国好的，没有什么不能做。
越：打仗也是对法国好？法国人民也这么想吗？

黎：他们怎么想不重要。
越：可是打仗用的是人们的血汗和金钱啊！
黎：人们就是骡子，必须为法国忍辱负重，这是他们的使命！
越：您不怕他们造反？
黎：怕，怎么不怕？但法国要强大，只能牺牲一部分人的利益。
越：您这样做，虽然拍了国王的马屁，但也树了不少敌吧？
黎：我黎塞留，一切都是为了陛下和法国。除公敌以外，没有任何敌人。
越：噢，那希望以后法国人民明白您的苦心吧。
黎：但愿如此。不过我现在还有很多事要忙，再见了！

（注：黎塞留于1642年去世，并没有等到三十年战争结束的那天。）

广告贴吧

禁止郁金香买卖

近些年,很多人加入了买卖郁金香的行列。人们愿意倾家荡产买下一支郁金香球茎,以致郁金香卖出了不可思议的天价。

然而,1637年2月4日,不知什么原因,郁金香的价格突然下跌,短短六个星期之内,下跌了90%。许多高价购入郁金香的人因此血本无归,不是跳河自杀,就是一夜之间变成乞丐。

为了让大家避免更多的损失,我们宣布,从现在起,停止所有关于郁金香的买卖!让我们一起祈祷荷兰好运吧。

荷兰政府

寻找匿名作者

最近,我们收到一份匿名书稿,书中用了117页阐述了"几何学"。天啊,这简直就是数学领域的大发现。我们很荣幸地告诉大家:一个全新的数学分支——几何学诞生了!

若有谁能告知该书作者是谁,我们将代表全人类表示感谢!

莱顿出版商

(注:《几何学》的作者为法国数学家笛卡尔,人称"解析几何之父"。)

名人名言

◎知识就是力量。

◎生活的理想,就是为了理想的生活。

◎如果把快乐告诉一个朋友,你将得到两个快乐,而如果你把忧愁向一个朋友倾吐,你将分掉一半忧愁。

英国哲学家培根

【公元1620年—1688年】

掉了脑袋的国王

穿越必读

斯图亚特王朝相信国王的权力是上帝给的,人们却希望通过议会限制王权,获得更多权利。于是,一场不可避免的资产阶级大革命就此爆发了。这次革命不仅改变了英国,也改变了整个世界。

顺风快讯

开往北美的"五月花"号
——来自英国的特别快讯

（本报讯）公元1620年，一艘名叫"五月花"号的渔船载着100多个英国人向北美洲开去。他们为什么要离开英国呢？

据了解，船上的人大部分是清教徒。清教是一个特别的基督教派，由一个叫加尔文的人创立的。清教是新教加尔文派的一支。教徒们不抽烟，不喝酒，不跳舞，不看戏，过着清贫而又俭朴的生活，对上帝特别虔诚。有些英国人加入清教后，觉得英国国教又腐朽又没落，总是要求对英国国教进行改革。

国王和教会吓坏了，把这些人关的关，杀的杀。一些清教徒见在英国待不下去了，就坐上了"五月花"号，离开了英国。

后续报道：经过60多天的漂泊，这些人终于踏上了北美的土地。然而，这时正是冬天，天气十分寒冷，再加上生活艰苦，有一半的人没有熬过去，死掉了。幸好，心地淳朴的印第安人给他们送来了火鸡，还教他们如何狩猎，如何捕鱼，如何种玉米和南瓜。在印第安人的帮助下，移民们终于获得了丰收。

为了感谢上帝，感谢印第安人，移民们把火鸡做成美味，邀请印第安人一起来庆祝。大家围着篝火，吃着香喷喷的火鸡，唱啊，跳啊，狂欢了几天几夜才结束。

（注：后来，美国人把每年11月的第四个星期四定为"感恩节"。）

> 来自英国的特别快讯

世界风云

国王和议会的恩恩怨怨

我们知道,英国的伊丽莎白女王没有子女,她去世后英国人只好邀请她的远房亲戚,也就是苏格兰女王玛丽的儿子——詹姆士国王来担任英国国王(史称詹姆士一世)。詹姆士的祖辈曾经当过"斯图亚特"(即宫廷总管),所以,新王朝又被称为斯图亚特王朝。

不过,英国人很快就后悔了。因为詹姆士国王很爱花钱,并且认为,国王的权力是上帝给的,国王做的都是对的,国王不可能做错事,所有人都要为国王一个人服务,连议会也不例外。

而他的儿子查理国王(史称查理一世)和他简直是一个模子里刻出来的,不仅花钱如流水,还经常找议会和大臣借钱,白条打了无数张,就是不见还钱。

有几个大臣被借烦了,再也不肯借了。查理觉得没面子,就让人把这几个大臣抓了起来。结果议会呼吁所有国民都不要借钱给国王。查理气得要命,他认为,自己是一国之君,凭什么要听这些议员们的话,一声令下,就把议会

世界风云

给解散了!

这一散,就是 11 年。

公元 1640 年 4 月,查理突然向大家宣布,要重新召集议会。这是怎么回事?说起来,还是查理自己惹的祸。

我们知道,查理既是英国国王,也是苏格兰国王,但两国并没有合并,苏格兰王国一直是独立的,有自己的议会和宗教。可查理却觉得,既然都是自己的子民,那就信一个宗教好了,于是要苏格兰人民改变自己的信仰。

这下可把苏格兰人气炸了。他们组织军队奋起反抗,打着打着,就打进了英国境内。

查理急得团团转,想组织军队镇压这帮人,手上又没钱,就又想起了议会,想让他们帮忙向老百姓征税。

议员们被冷落了 11 年,兴冲冲地跑了过来,见国王又是伸手要钱,很不高兴,将国王

借点钱呗!

世界风云

数落了一通。议会开开停停了好几个月，议员们不但不给钱，还把国王身边的一个亲信吊死了。

查理气得七窍生烟，一怒之下，带上军队杀气腾腾地冲进议会，想逮捕几个唱反调的议员，杀鸡儆猴。

这下可把所有"猴子"都得罪了。大家一致认为，议会是神圣的，不论发生什么事情，都不能带着军队到这来耀武扬威。市民们也纷纷走上街头，高喊着"支持议会，打倒特权"的口号，把议会里三层外三层地包围了，差点把议会给闹翻了。

查理一看，外面人山人海，有的还拿着武器，顿时吓得不行，没多久就悄悄地逃回自己的老家——苏格兰了。

国王被送上断头台

国王和议会闹翻后，英国分成两派，打了起来。一派站在国王那边，一派站在议会那边。

站在国王那边的，全都是贵族和地主，打扮得也很时髦——一水儿的长卷发，宽边帽儿，帽子上还插着根大羽毛，衣服上还绣着蕾丝花边。

站在议会那边的呢，全都是些平头百姓，为了和国王的军队区分开来，他们故意把头发剪得短短的，戴着高高的黑筒帽，就连衣服，也有点寒碜。

一开始，国王的军队有枪有炮，把议会军打得狼狈不堪，节节败退，很快就打到了离伦敦不远的地方。

怎么办？议员们有的主张继续打下去，有的主张和国王谈判，还有的不敢打了，说："我们打败99次国王，他还是国王，他打败我们一次，我们都得上绞刑架。"

大家争吵不休，不知如何是好。关键时刻，一个叫克伦威尔的人站出来说："打，必须打！"

这个人说话为什么这么硬气呢？因为他有一支非常厉害的军队，人称"铁骑兵"。这支骑兵是

国王要打到伦敦了！！

世界风云

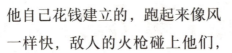

他自己花钱建立的，跑起来像风一样快，敌人的火枪碰上他们，就像碰到了铁块，什么威力也发挥不了，打了很多胜仗。所以，克伦威尔也得到大家的拥护，成了全军的统帅。

据说克伦威尔和查理还是老相识，在查理还是小王子的时候，克伦威尔就把查理揍得哇哇大哭。父亲叫他向小王子道歉，他却理直气壮地说："是王子先动手打人的，我只是保护自己！"

如今，为了保护国家，克伦威尔再一次和国王开打了，而且再一次把国王打得屁滚尿流。

国王吓得化装成一个仆人，再次逃回了苏格兰。苏格兰人本来就不喜欢他，就以40万英镑的价格，把他卖给了英国。

为了防止他再次逃跑，议会一不做二不休，给国王安了个"叛国"的罪名，送上了断头台。

这是历史上第一个被砍头的国王。据说这一天，英国的天空飞满了各式各样的帽子，颇为壮观——哎，大家都在扔帽子表示庆贺呢！

不是国王的国王

砍了国王的头,谁来做下一任国王呢?这可是个麻烦。

贵族们一个个头摇得像拨浪鼓,都不愿接这棘手的活儿——也是,王位再尊贵,还是保住脑袋更紧要。

大伙儿凑一起一商量,大腿一拍——得,干脆不要国王了,自己当家做主!于是,英吉利共和国就成立了。

共和国的头号人物是"护国主",而担任"护国主"的,当然就是打败了查理的大英雄——克伦威尔。

克伦威尔是个典型的清教徒,为人正直,做事认真,不喜欢享乐,平常的穿着也很简单,就是一身黑袍。

有一次,他让人给自己画像。见过他的人都知道,他的脸上长有一颗痣子,不好看。画家为了讨好他,就没有把那颗痣子画上去。

克伦威尔看到后,大发脾气:"我是什么样,就画什么样!痣子什么的也画上!"

他既严格要求自己,也严格要求别人,给大家制定了许多规矩,比如不准跳舞喧哗,不准观看表演,不准喝酒作乐,不准赌博。因此,英国所有的戏院、酒馆都被迫关了门。

世界风云

> 酒鬼！

> 我要解散议会！！！

> 流氓！

当议会拒绝他的命令时，他就把议员们大骂一通，不是骂这个人"酒鬼"，就是骂那个人"流氓"，骂得大家目瞪口呆。当议员继续反对时，他就把议员拉走，把议会大门锁上，宣布议会自行解散。

他把国家大权全部抓在自己手里，甚至宣布，"护国主"是可以世袭的，也就是他的孩子也可以当护国主。而英国所有的大事，都必须经过"护国主"的批准才能生效。

除此之外，他还把自己的家搬进了皇宫，让别人称他为"陛下"。你看，这不活脱脱就是一个国王吗？

尽管在他的统治下，英国十分强大，就连老对头法国也争着与它称兄道弟，但英国人过得并不开心。

在他死后，英国人就像突然解放了一般，奔走相告："魔鬼死了，魔鬼死了！"并且还说，他的葬礼"是世界上最快乐的葬礼，因为除了狗以外，没有一个人哭泣"。

唉，一个大英雄，死后却得到这样的评价，是不是很悲哀呢？

自由广场

海上霸主只有一个

英国太欺负人了，居然规定所有输入英国的货物，必须由英国船只运载，不许其他国家插手。这不是明显针对荷兰吗？

荷兰某水手

英国某水手

针对的就是你们！海上霸主只能有一个。海上航线是我们的命根子，怎能让你们抢去？你们也打不过我们，还是乖乖地遵守我们的规定吧！

那是第一次！第二次你们打赢了吗？要不是你们求我们谅解，哭着叫着要给我们点好处，我们能把你们揍得找不着北！哼！

荷兰某士兵

英国某士兵

少吹牛了！前两次战争咱们一胜一负，也就打个平手。第三次你们都引起众怒了，不但是我们，就连法国、丹麦、瑞典、西班牙都要揍你们。虽然你们打赢了，但杀敌一万，自损八千，看你们以后还嚣张得起来不？

好啦，都打了这么多年了，都是老黄历上的事情了！现在荷兰与英国结成亲家了，大家都是一家人，万事还是以和为贵吧！

英国某贵族

（注：经过三次英荷战争，荷兰沦为二流国家，英国取代荷兰，成为海上霸主。）

23

奇幻漂流

新国王会有新麻烦吗

编辑老师：

您好。克伦威尔死后，大家又开始怀念有国王的、多姿多彩的日子，就把查理的儿子请了回来（史称斯图亚特复辟）。

没想到，新国王一上台就翻了脸，不但把当年跟他父亲作对的人全都处死，还把死了的克伦威尔也挖出来鞭尸。这下，大家的肠子都悔青了。

好不容易等到这个暴君驾崩，他弟弟詹姆士（史称詹姆士二世）继位，却比他还要坏。现在大家决定把他推翻，问题是，如果下一个国王还是这样，那该怎么办呢？

英国议会某代表

代表先生：

您好！为什么你们和国王总是发生矛盾呢？原因很简单，因为国王相信，自己的权力是上帝给的，而你们却认为，即使是国王，也要遵守约定，如果违反约定，你们也可以像解雇工人一样，把他解雇。而砍了一个国王的头后，我相信，你们再也不想回到被国王统治的年代了。

所以，为了避免再次出现类似问题，即使要找一个新国王，也要提前和他约法三章，让他遵守你们的约定。这样，这场与国王的斗争才会消停下来。

名人来了

特约嘉宾
牛顿（简称"牛"）

越越（简称"越"）

嘉宾简介： 英国伟大的物理学家、数学家和天文学家。他发现了万有引力定律，制成了世界上第一架反射望远镜，创立了微积分学，提出了牛顿运动定律……可说是一位"百科全书"式的人物。即便把世界上所有天才聚集在一起，他也是其中成就最亮的一个。

越：教授，您好，见到您非常荣幸！

牛：你好。等会儿，我先吃个饭——（看到桌上的剩骨头）啊，原来我已经吃过了啊！

越：（尴尬）教授，这是我刚啃过的鸡腿，等了您老半天，我肚子实在太饿了，就先吃了，不好意思。

牛：啊，我刚刚在做实验，忘记吃饭了，你等了很久？

越：也就几个小时吧。——不过没关系，能跟大名鼎鼎的牛顿先生见面，再等几年都行。

牛：哎，我这人就是经常丢三落四的，没办法。

越：尊夫人呢？

牛：夫人？我一直没有结婚，科学就是我的夫人，我的生命！

越：那您不觉得孤独吗？

牛：孤独？科学比人有趣多了，跟大家玩没意思，还不如做实验。

越：我估计大家也不喜欢和你玩，哈哈！

牛：噢，为何？

越：因为您是天才啊，跟您站一起，不是显得像傻子吗？

牛：哎，我也不是什么天才，只不过比大家多点耐心，多用点心罢了。

越：您太谦虚了！您这么厉害，父母小时候经常陪您写作业吧？

牛：哪有哪有。我小时候体弱多病，母亲只是希望我当一位农夫。父亲在我出生前就去世了，我连他长什么样都不清楚。

越：哦，那有人欺负你们吗？

牛：有。我小时候特别喜欢动手做一些小发明、小创造。有一次，我好不容易

名人来了

做了个小风车，正玩得高兴，有个小霸王一脚就把我的风车踢坏了。

越：可恶！那您告诉大人了吗？

牛：没有，我自己把他打跑了！嘿嘿！

越：哇！科学家还会打人啊？

牛：那时候我又不是什么科学家，就一普通娃。

越：那是后来考上剑桥大学，人生才开了挂？

牛：可以这么说吧。因为在那里，我认识了不少优秀人才，并对伽利略、开普勒等科学家的科研成果进行了深入研究。

越：那您为什么后来不继续在伦敦待着，却回家乡了？

牛：城里流行黑死病啊，学校又停了课，只好回家搞科学研究喽。

越：然后有一天您坐在苹果树下，被一颗苹果砸到了脑袋，就开始思考为什么苹果会往下面掉……

牛：对啊，苹果为什么往下掉，不往上面飞？肯定是有一种隐藏的力量在牵着它，就像月亮为什么会绕着地球转，也一定是有一种力量在牵引它。也就是说，宇宙间的任何物体之间，都存在着相互吸引力，各个物体间吸引力的大小，与物体的大小成正比，与它们之间的距离成反比……

越：这苹果真幸运，一砸就砸出了一个万有引力定律。

牛：我也只是站在巨人的肩膀上，才看得比别人远一点。

越：您真谦虚，有几个人能20多岁就当了教授呢？——啊，耽误您这么久，您该休息了吧？

牛：还好。我很少在两三点前睡觉，有时会工作到凌晨五六点，要是赶上重大实验，在实验室一住就是五六个星期。不过，我还有一个实验要做，不能陪你了。

越：好的，谢谢教授！您是我们青少年的榜样，向您致敬！

广告贴吧

停业通知

因伦敦鼠疫过于严重，市内大部分地区都没有人了，也没有官司可接，本人要离开伦敦去牛津暂时住一段时间。有任何事情需要与我联系，可先委托给我家仆人。等疫情平息之后，我自会派人和你联系。

伦敦法官 汤姆

重建伦敦

继上月的特大火灾后，整个伦敦有一万多间房子被烧毁，大片的土地化为焦土，超过一万人无家可归。为了帮助大家渡过这个难关，现在我们决定打造一座新伦敦，让所有人拥有自己的新家园。请大家协助我们，好好地完成这一使命！

伦敦重建中心

新式下午茶等您来品尝

无聊的下午您一般是如何打发的呢？来我们这里喝喝茶，聊聊天吧！我们这里有来自中国的红茶，配上精美的茶具以及美味的甜点，漫长的下午将变得无限美好。贵族们都在这么做了，您还在等什么呢？

英国下午茶协会

建立格林尼治天文台

因我国航海事业发展迅速，海上航行急需精确的经度指示，现决定，在泰晤士河畔的皇家格林尼治花园中，建一个天文台。欢迎大家为天文台提供相关的仪器和设备。

英国王室

第 3 期

【公元 1661 年—1715 年】

最奇葩的国王

穿越必读

路易十四是法国历史上最有意思的一位国王。他推行"朕即国家"的专制统治,建造了凡尔赛宫,发动了四次大战,培育了莫里哀、笛卡儿等一大批文艺、科学巨匠,创造了一个让人怀念的路易十四时代。

顺风快讯

谁才是老大
——来自法国巴黎的特别快讯

（本报讯）三十年战争后，法国成了最大赢家，一跃成为欧洲很重要的一个国家。

这时，法兰西的国王小路易（史称路易十四）还是小孩子，只是一个名义上的国王，真正的权力掌握在太后和首相马扎然的手里。

据说，小国王和太后曾有过这么一段对话——

"母亲，你为什么要重用马扎然？"

"乖儿子，因为他听我的话。"

"母亲，那您为什么流放那么多法官呢？"

"乖儿子，因为他们不听马扎然的话！"

哎，绕来绕去，到底谁才是法国说了算的人呢？这么下去，小国王还能守住他的王位吗？

来自法国巴黎的特别快讯

奇幻漂流

要不要保留首相一职

编辑老师：

您好。做了19年的傀儡，让我又爱又恨的马扎然首相大人终于走了。

我爱他，是因为他从小陪着我长大，不是父亲胜似父亲；我恨他，是因为这些年他的所作所为，引起百姓造反，害得我和母亲、弟弟四处逃窜，给我的童年留下了巨大的阴影。直到现在，我都觉得巴黎很不安全，人们并不是全心全意地爱戴我。

现在他走了，走之前，他留给我一句话："一定要亲自掌权，不要再任命首相。"照他这么说，他要再活得久一点，我该拿他怎么办呢？我该不该保留首相一职？

法兰西国王路易

尊敬的国王陛下：

您好。据我了解，财政大臣富凯大人一直自认为是首相的接班人。但是您知道吗？他请人设计了法国最好最出色的城堡，里面光是喷泉就有250座，比您现在住的宫殿还要豪华。聪明的您，一定明白他的钱是怎么来的吧？

如果是这样的人担任首相，不但老百姓会受苦，作为皇帝的您也会不开心——自己的大臣比自己还有钱，这像话吗？

以前，法国国王只是名义上的国王，一切大权都在首相的手里。现在还要不要首相，最终得看国王自己。祝您好运！

编辑 穿穿

（注：之后，路易十四以贪污罪将富凯投入大牢，并没收了所有财产。）

凡尔赛宫：世上最奢华的宫殿

1661年，路易十四下令在巴黎郊外修建一座王宫。他请来法国最顶尖的设计团队，动用了3000名建筑工人，6000匹马，经过长达47年的时间，终于建成一座特别奢华的宫殿——凡尔赛宫。

整座王宫长约580米，由花园、城堡和镜殿组成，里面有大小房间1400多个。宫殿里的装饰金碧辉煌，有光彩照人的大理石墙，瀑布一般的水晶灯，精美绝伦的油画和雕刻，工艺精湛的家具，还有来自世界各地的艺术品——这些都是国王派人从意大利买回来的。据说，要不是意大利国王后来下令禁止再把艺术品卖给外国人，意大利的艺术品可能会被法国买光了。

宫中最特别的是一个叫镜厅的地方，墙上镶有17面大镜子，漫步其间，可以看到外面碧蓝的天空和美丽的花园，还可以看到各个不同的自己。据说国王和大臣们经常在这里举办舞会，在镜中观看自己潇洒的舞姿。

宫殿前面是一座大花园，栽着各种名贵花草，花园里面有很多美丽的喷泉。喷泉的水都是从塞纳河运过来的，用掉的水比整个巴黎还要多——而人们常常因为缺水而生病。

因为凡尔赛宫实在太辉煌，太壮观了，其他国王看了都很羡慕，纷纷仿照它的样子，也建造了一些宫殿，如俄国的夏宫，奥地利的美泉宫，普鲁士的无忧宫等。不过，在法国人心目中，没有一座能比得上凡尔赛宫的呢！

世界风云

太阳王和他的马屁精们

马扎然死后,大臣们都很茫然:"以后,该找谁去请示呢?"

"找我!我就是国家。"路易说。什么意思呢?就是他代表法国,一切由他说了算。

这样一来,路易的工作就加重了,每天工作七八个小时,每周六天,从不间断。即便如此,他也会认真地聆听别人的建议和意见,就算没有采纳,也会温和地拒绝。因此,人们都愿意和他说话,而路易不出王宫,就能知道很多事情。

路易认为,万物能够生长,都是靠太阳的恩典,称自己为"太阳王",也像太阳一般,"关照"身边的每一位王公大臣。

在凡尔赛宫还没建好的时候,他就带着各地的王公大臣们迫不及待地搬了进去。从此,这些人的幸福生活就开始了。

一有机会,国王就举办各种各样的活动,

这就是我们的新家啦!

正在施工

庆祝典礼啊，化装舞会啊，欢迎宴会啊，每天变着花样儿玩。而王公大臣的任务就是，每天像国王一样，打扮得漂漂亮亮的，陪国王吃喝玩乐，与国王打成一片。

要是有人敢缺席，那可就糟了——因为国王记忆力惊人，随便一打量，就知道今天谁来，谁又没有来。想讨国王欢心的人，就必须天天窝在王宫里。

以前，王公大臣们一有不满就造反生事，现在，他们迷上了这种纸醉金迷的生活，每天只想着玩什么、如何玩才会让国王更开心，再也没有心思管理地方了。

国王把大权牢牢地掌握在自己一个人手里，不仅卖官，还创造出很多个官职。尽管这些官职并没有任何实权，贵族们还是愿意花大钱购买。国王因此大发横财，却也感到十分困惑。

有一次，他问身边的大臣："你说哪些人会买这些空职呢？"

大臣回答："陛下，一旦国王创造了一个新的官职，上帝马上会创造出一个想要购买它的傻瓜。"

国王听了龙心大悦，又制定了一套严格而又细致的规矩，来

世界风云

规范那些"傻瓜"。

比如,在觐见国王时,地位尊贵的能得到国王的赐座,地位次一点的,只能得到国王的挥帽致意。要是谁能得到国王的请柬,前往他的私宅做客,那简直是最大的光荣。

有一次,路易问:"现在是几点?"

马上有人回答:"陛下,您希望现在是几点就是几点。"

更荒谬的是,有一次,路易得了个病,不得不做了个手术,结果很多没得病的人也要求医生,让他在自己身上比画几下子。

哎,拍马屁拍到这个份上,实在令人叹为观止。

要是那个被人们砍了头的英国国王看到,估计会说:"同样是国王,差距怎么这么大呢?"

世界风云

打个不停的太阳王

在路易的治理下，法国的国力蒸蒸日上。

年轻的路易便有了一个梦想，那就是——到北方的海边踏浪，到南方的山上打猎，到东方的莱茵河划船。他还说，如果能以海洋、山川、河流、沙漠等，作为国与国之间的天然界线，这样大家就不会打架了（史称天然国界说）。

为了实现这个梦想，他决定对外发动战争。

1665年，西班牙的老国王去世了。而路易的王后是西班牙的公主。路易便以此为由，要求继承西班牙的部分遗产。西班牙当然不愿意了，路易便招呼也不打一声，出兵攻占了西属尼德兰（今比利时等地）。

这时候，荷兰刚刚诞生不久，担心法国这么扩张会威胁到自己，就和英国、瑞典结成联盟，要求法国停战。

"好汉不吃眼前亏"，路易是好汉，所以就乖乖地归还了部分侵占的土地。

从此后，路易对荷兰怀恨在心。他一边下

世界风云

以后请叫我路易大帝！

血本拉拢英国，一边悄悄地说服瑞典保持中立。等到荷兰变成光杆司令，就联合英国一起攻打荷兰，一下子就把荷兰打败了。

这以后，法国就变成了欧洲老大。路易也高高兴兴地跟着晋升一级，变成了"路易大帝"。

但路易还是不满足，又跑去攻打德意志。这一次，其他国家都看出了他的野心，生怕下一个目标就是自己，纷纷站到了神圣罗马帝国这边，向法国宣战（史称九年战争），英国还在美洲大陆与法军争夺地盘。双方打了足足9年，见实在分不出胜负，这才宣布停战。

谁知公元1700年，路易的孙子当上了西班牙国王。欧洲各国又怕了——要是法国和西班牙联合，不就变成又一个超级大国了吗？所以，他们又开始抱团，和路易对打。

打啊打啊，打到1714年，路易老了，法国人对战争也厌烦了，再也不想折腾了，就和对方进行和平谈判。

结果这次法国不但没能和西班牙合并，还失去了大片领土。法国人知道后，大失所望，从此再也不把路易比作太阳，也不再称呼他为"路易大帝"了。

路易死后，英国就彻底站到了法国的头上。

娱乐八卦

世界第一"潮人"

什么是"潮人"呢？就是引领时尚潮流的人。如果给全世界的"潮人"排个榜，路易十四绝对是排行榜的第一名。

见过路易十四的人都知道，他是个风度翩翩的美男子，对任何人都彬彬有礼，唯一的硬伤就是，身高不到一米六。

但这个对国王来讲并不难，他让鞋匠把自己的鞋跟加厚了五厘米，还戴上了蓬松的假发。还别说，这样一打扮，往人前一站，就像个骄傲的孔雀，气势足足有一米八。

不过，当他走过你的身边时，你会闻到一股臭烘烘的味儿，跟他的尊贵身份极不相称。——哎，不用说，国王又是很久没洗澡了。虽说国王每天有成千上万的人服侍，但他一生洗澡的次数却不超过

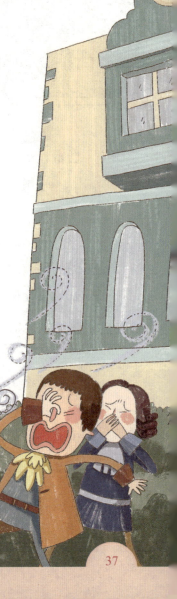

37

娱乐八卦

> 又是香香的一天!

个位数。

这也不能怪他。因为医生们说,欧洲人之所以被黑死病团灭,是因为水。水是产生疾病的罪魁祸首,不到万不得已,千万不能洗澡。所以,即使是最爱干净的法国人,一年也只洗两次澡。

国王自己也很讨厌身上这股臭味,每天都往身上喷香水。——没错,香水也是他发明的。

国王不仅对穿衣打扮很讲究,吃起饭来也很有一套。通常,王室的晚宴是这样的——

吃饭前,总管们高喊一句:"让我们分享国王的恩赐吧!"然后开始吹奏音乐,表示晚宴开始。

第一道菜必须有汤和大面包,每人配一个汤碗。上第二道菜时,每人换一副新的餐具,并用湿毛巾擦手。第三道菜是正餐,开始上烤肉和鱼。第六道菜是新鲜的蔬菜沙拉,配上五颜六色的果冻。最后上水果。美味的水果和果酱,都很受法国人喜欢,有时候还会配上巧克力和饼干。

是不是很烦琐呢?但路易十四却认为这样很高贵,很优雅。

其他人也都学他的样子,穿高跟鞋,戴假发,喷香水,吃法国大餐,说法语,建法式房屋……可以说,路易十四走到哪里,就刮起了一股时尚潮流,一直到现在,都是这样呢!

自由广场

国王和他的艺术家们

某木匠

国王对艺术家们真好，不但资助他们，保护他们，还帮助他们成名、成功。以前的穷诗人，现在比大公还有钱！碰上这样的国王，这样的时代，他们真是太幸运了！

是啊，因为他，法国才有了最伟大的建筑、雕刻以及绘画。因为他，莫里哀才会写出和莎士比亚的作品相媲美的剧本！因为他，才有了让全世界都羡慕的巴黎和法国！

某建筑师

某公爵

我就不明白了，那些人不就是会写点东西，画点画，刻点东西吗？有什么了不起的？

国王说了，"我15分钟就能分封好几个贵族，但必须花数百年的时间，才能造就一个艺术家。"懂了吗？艺术是无价的！

某诗人

某陶工

能不能有人关心一下我们这些工人啊？同样是人，同样是做事，为什么我们却干着最苦的活，拿着最低的工资，吃着又粗又黑的面包呢？这样的国王再伟大，我们也不要！

名人来了

特约嘉宾
路易十四
（简称"路"）

越越
（简称"越"）

嘉宾简介：波旁王朝的第三位法国国王，在位时间72年，是欧洲在位最久的国王。他多才多艺，富有浪漫情怀，一生都在追求美与艺术，人们不得不承认，是他将野蛮的法国，变成了一个优雅的国度。

越：国王陛下，您好。

路：（脱帽致敬）你好，小记者。不过，请不要叫我"国王陛下"，这样显得国王和国王之间地位是平等的。事实上，我和他们并不一样，不是吗？

越：那倒是，现在整个欧洲谁能比得上您啊！能跟您相提并论的，只有我们中国的康熙大帝了。

路：这个我承认。你们这位皇帝可是我的老朋友。我还派遣了一个团，去中国交流学习呢！

越：这山高水远的，跑一趟花了不少时间呢？

路：（伸出两根手指头）两年才到。

越：（吐舌）那您给康熙爷带了不少礼物吧？

路：当然。我给他送去了法国最先进的天文仪、望远镜、地球仪等等等等，全都是高科技的东西。

越：那康熙爷肯定喜欢，他最喜欢研究科学了，还学过几何、天文、地理和机械制造。

路：我也喜欢科学，不过我最爱跳芭蕾舞，世界上第一所芭蕾舞学校就是我创建的，嘿嘿。

越：我知道。——那您给送了康熙爷这么多礼，他应该回了不少礼吧？

路：很多，什么手绘木器啊，精装书籍啊，瓷器啊，全都是上等艺术品，中国的东西真不错。

越：看来您也是一枚中国粉丝。

路：是啊，可惜没去过。所以我在这凡尔赛宫修了一座中国式的小农庄，以表我对中国的敬仰之情。

越：（环顾凡尔赛宫）陛下，您

名人来了

这宫殿还真是名不虚传啊。

路：（得意）怎么样？比起中国的紫禁城，哪个更牛？

越：这个嘛，风格不一样，一个是中国风，一个是欧式，一个威严庄重，一个奢华大气，高下难分呀。

路：那我和康熙帝呢？

越：还别说，两位还真有些地方挺像的。

路：什么地方？

越：比如，你们都是小小年纪就当了国君，亲政之前都有一位老大臣把持朝政，寿命都很长，现在都是文治武功，威名赫赫。

路：那有什么不同之处呢？

越：不同之处就是，康熙爷是出了名的节俭，既不提倡用金筷子和金盘子，也没有另外建一座王宫给自己居住。

路：他有紫禁城，当然够了，我又没有。一个没有宫殿的国王，能成为一个真正的国王吗？如果我想要，只能靠自己打造。

越：还有，康熙爷再喜欢一个东西，也不会让它传到民间去，比如用香水，喝红酒什么的。

路：好的东西，当然要大家一起享用！像我，就会和大家一起喝喝茶，跳跳舞，写写诗，画画画什么的，这种生活才有情调，有意思嘛。

越：谁不想过有情调的生活呢？但这些情调是要花钱的。您知道现在法国欠了多少外债吗？

路：难道你知道？

越：我查过了，您欠的债，要法国人像现在这样干上三四年才还得清。

路：但我留下的艺术，可以让法国享用百年、千年！哪个更值？

越：不好说……其实除了康熙爷，还有一位大帝，也跟你们不相上下。

路：哦，谁？

越：就是俄国的彼得大帝（史称彼得一世）。嗯，我现在要赶去俄国，采访采访他了。陛下再见！

广告贴吧

欢迎参加凡尔赛一日游

你想了解国王的日常起居吗?

你想知道他如何起床,如何更衣,如何洗漱吗?

你想知道他是如何剥鸡蛋的吗?

请参加我们的凡尔赛宫一日游活动。到时,国王的一举一动会被您尽收眼底。

友情提示:身份特别高贵的还有机会参观国王如厕的场面噢。

凡尔赛一日旅游团

禁奢令

即日起,严禁穿戴来自外国的服装、金银首饰等物品,这样的穿戴不仅对法国毫无用处,反而让我们的敌人从中获利,必须严格禁止。

违令者,物品一律被没收,并处以相应的罚款。

法国服装管理中心

伤残军人安置规定

伤残军人在战争中,为国家做出重要贡献,更应受到所有法国人的尊重和优待。即日起,凡是因公致残的军人,都可在本处进行休养,并享有退休金及医疗照顾。请大家相互转告。

法国荣军处

智者为王 第❶关

① 波西米亚是指今天的哪个国家？
② 欧洲三十年战争是哪 30 年？
③ 郁金香事件发生在哪个国家？
④ 培根是哪个国家的哲学家？
⑤ 谁被称为"解析几何之父"？
⑥ "现代战争之父"是谁？
⑦ 伊丽莎白女王去世后，英国是什么王朝？
⑧ 被砍头的第一个国王是谁？
⑨ 在法国资产阶级革命中，雅各宾派掌握实权的头号人物是谁？
⑩ 三次英荷战争的结局是什么？
⑪ 路易十四登基后的首相是谁？
⑫ 凡尔赛宫里最特别的建筑是哪一个？
⑬ 路易十四称自己是什么？
⑭ 路易十四时代，法国与莎士比亚齐名的戏剧家是谁？
⑮ 路易提出的"天然国界说"是指什么？

智者无敌 王者为大

第 4 期

〖公元 1689 年—1725 年〗

彼得大帝和俄罗斯帝国

穿越必读

彼得大帝是俄罗斯帝国历史上最伟大的皇帝。在他之前，欧洲的大航海、启蒙运动，都和俄罗斯帝国毫不相干。但在彼得大帝的引领下，俄罗斯帝国迅速走出黑暗，步入了现代文明。

弟弟夺权，姐姐下台
——来自莫斯科的特别快讯

（本报讯）1689年，俄罗斯帝国（以下简称俄国）的都城莫斯科发生了一件大事——17岁的沙皇彼得发动政变，将同父异母的姐姐索菲娅公主关进了修道院，逼她当了一名修女，这是怎么回事呢？

> 来自莫斯科的特别快讯

原来，彼得早在10岁的时候，就登基做了沙皇。不过，和他一起坐江山的，还有他的哥哥伊凡。因为两个沙皇一个年纪小，一个呆头呆脑，就由25岁的索菲娅公主辅佐治理国家。

谁知，索菲娅一上台，就把彼得和他的母亲赶走了，只把呆头呆脑的伊凡留在身边。据说，伊凡的座椅上有一个洞，索菲娅就躲在洞后面，一句一句地教伊凡说什么，做什么。

彼得长大成人后，对索菲娅的行为十分不满。索菲娅怕彼得坏了她的好事，派人去刺杀彼得。彼得知道后，就带领一支军队发动政变，将索菲娅关进了修道院。

几年后，体弱多病的伊凡两腿一蹬闭了眼，彼得就成了俄国唯一的沙皇。

我想出去走一走

编辑老师：

您好！我和我的祖先有个愿望，那就是让俄国走向欧洲，走向世界。可是，俄国没有一块陆地靠近海边，要想得到一个出海口，就必须从土耳其人和瑞典人手中抢。可是俄国武器落后不说，连海军都没有，根本不是这两个邻居的对手。

听说西欧的国家要海军有海军，要科技有科技，什么都比我们强。我很想出去走一走，把他们的本事学过来。可俄国有个规矩，不得离开自己的国家，更不能和外国人交往。我该怎么办呢？

沙皇　彼得

尊敬的沙皇陛下：

您好。我理解您现在的心情。西欧国家为什么强大，是因为它们科技发达，技术先进。而俄国呢，现在还住着土木建的房子，全国上下没有一所正经八百的学校，会识字的俄国人屈指可数，更别提什么科技、文艺。虽然你们地盘够大，却没有一点大国风范，如果还是老守着自己的老一套，再大也只有任人宰割的份儿！

所以，要想让自己变得更强大，就必须走出去，向西欧学习，把那里先进的技术和优秀的文明带回来。至于怎么走出去，您是一国之君，法律都是您定的，还有谁能拦得住您呢？

编辑　穿越

世界风云

四处"取经"的小兵

1697年3月，俄国组织了一支200多人的"观光团"，浩浩荡荡向西欧出发了。据说，本次观光团团长就是沙皇彼得。

可怪就怪在，整个队伍从头到尾，都不见彼得的人影，倒是有一个小兵格外引人注目。

这位小兵身高两米，脚穿一双破皮鞋，头戴一顶旧帽子，一路上左看右看，四处向人"取经"。

比如，在瑞典，他不但参观了一些军事要塞，还爬到高处绘制地图，研究地形，差点被瑞典士兵当成间谍抓起来。

在普鲁士，他拜一个上校为师，学习大炮发射技术，参加实弹演习，并且以优异的成绩拿到了结业证书。

在荷兰，他又摇身一变，在造船厂做了一名木匠。他干起活来十分卖力，休息时总是向老师傅请教各种问题，几个月下来，竟然掌握了很多造船技术。

这位小兵就像一个不知疲倦的发动机，学了解剖学拔牙，学了造纸学航行，甚至跑到屋顶上看英国议会开会，好像什么事都能引起他的兴趣。

每当他写信回国时，总要盖上一个图章，上面刻的是"一个寻师问道的学生"。奇怪的是，随行的俄国官员经常来看望他，

世界风云

态度总是毕恭毕敬。而他同官员们讲话，就像和普通人讲话一样随便。

哎，这个奇怪的小兵到底是谁呢？

相信聪明的读者已经猜出来了，没错，他就是本次俄国观光团的"团长"——彼得。

一年后，彼得带着他的观光团回国了。

据说他回国的时候，带了200多个大木箱，里面装满了各种枪支、大炮、指南针、风速表、圆规等等，还带回了海军上尉、驾驶员、医生、水手等上百号人才，可说是满载而归呢。

世界风云

这个皇帝管得宽

彼得回国后,大臣们看到他,都吓了一大跳,原来彼得不但穿着西装,嘴边的胡子也不见了。

他还说,希望以后大家跟他打扮成一样的。说着,拿起一把剪刀,"咔嚓"一声,剪掉了一个大臣的大胡子!

原来,彼得在这次巡游中发现,西方的男人总是将自己打扮得清清爽爽,胡须也刮得干干净净。而俄国的男人呢,一口的大胡子,还大口吃饭,大口喝酒,长长的胡子弄得一身汤汤水水,跟个野蛮人似的。

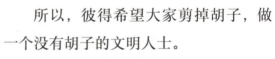

所以,彼得希望大家剪掉胡子,做一个没有胡子的文明人士。

这可不得了!要知道,俄国男人一向以留大胡子为荣,修胡子的时间,比女人化妆的时间还长呢。

可彼得却下令说,剪胡子是每个俄国人应尽的义务,谁要留胡子,就得交一大笔钱。为了保住自己的钱袋子,大家只好忍痛,剃掉了胡须。

可是,刚把胡子剪掉,彼得又下了一道命令,说衣服的袖子太长,妨碍大家吃饭、工作,

世界风云

让大家改穿西式的服装。为了鼓励大家穿西式服装，他还举办了很多宴会，凡是穿西式服装的人，都可以免费参加。

以前，俄国人喜欢喝酒，常常满大街都是酒鬼，彼得就定制了一枚八斤重的勋章，如果有人喝醉了睡在大街上，被人发现了，就要戴上这个勋章戴整整一星期。

除此以外，他还规定每个人早上必须刷牙，喝咖啡，吃饭的时候，一定要用餐巾，不能发出"吧哒吧哒"的声音，不能随地吐痰，不能大喊大叫，等等等等。

我也是有勋章的人了！

看到这里，你是不是觉得，这位皇帝是不是太平洋的警察——管得也太宽了？

不好意思，彼得觉得，这些既不是小事，也不是你一个人的事，代表的是一个国家的脸面和尊严。要是你拒绝执行，那就是活得不耐烦了。据说整个俄罗斯有将近三分之一的人，因为这些事情丢掉性命！包括他的儿子。

慢慢地，人们开始穿西装，刷牙，喝咖啡，抽鼻烟……街上的酒鬼少了，随地吐痰的人少了，大喊大叫的人也少了。

俄国也一天比一天强大，有了第一支舰队，第一所学校，第一间工厂，第一座图书馆，第一座医院，第一座博物馆，第一座剧院，第一座印刷所，第一份报纸……整个俄国就像换了个模样，焕然一新。

到了1721年，再也没人对彼得有意见啦，人们尊他为"俄罗斯帝国之父"，国号也改成了俄罗斯帝国。

世界风云

波罗的海换了新主人

俄国变得强大后，彼得就想从瑞典手中抢一块海岸过来。

这时的瑞典国王查理（史称查理十二世）刚刚即位，还是个18岁的大男孩。彼得觉得打败他，就像捏死一只蚂蚁一样容易。

但查理可不是一般的男孩，他从小就天不怕地不怕，甚至还打死过一只熊，人们称他是"北方狂人"。彼得一上场，就被查理打了个落花流水。周围国家吓得要命，生怕他会成为第二个亚历山大大帝。

但彼得没有气馁，他一边招兵买马，一边抓紧时间制造大炮，还说："等着吧，查理很快就能教会我怎样获胜了。"

等到两国军队第二次交战时，彼得学聪明了，他假装打不过，边打边撤。查理不知是计，带着军队追上去。

决战前夕，两个君主也就是两国总司令，视察了各自的军队，各自发表了一番演说——

世界风云

快追!

查理说:"去吧,我们马上就会坐在俄国沙皇的桌子上吃饭,我已经为你们准备了足够的碗碟,让你们吃个够!"

彼得说:"将士们,决定祖国命运的时刻到了,你们不要认为是在为我彼得而战,你们是在为祖国而战!"

结果你可能猜到了。因为追得太远,补给跟不上,俄国又寒气逼人,冷风刺骨,瑞典军队被俄国军队打败了。而彼得则抢到了他梦寐以求的出海口,成了波罗的海的新主人。

他们上当啦!

自由广场

两位大帝谁最牛

俄国某貂皮商

你说怎么会这么巧呢？我们俄国的彼得大帝和你们的康熙大帝是同一时代的帝王！两人又都是文治武功，不相上下，真有缘分啊！

得，你们这些"罗刹"（古时候中国人对俄国人的称呼，既是音译，也是意译，在佛教中，罗刹意思是吃人的恶魔）的皇帝怎么能和我们的康熙爷相提并论？别往自己脸上贴金了！

中国某丝绸商

俄国某小兵

你们也别吹牛！康熙要真这么厉害，为何在1689年跟我们签订《尼布楚条约》，还送给我们一大片土地呢？

你们这些野蛮人哪里懂，我们那是为了和平！不想和你们胡搅蛮缠，牵扯不清！要不康熙爷怎么会把你们这些外国人赶出去，闭关锁国呢？

中国某小兵

荷兰某商人

两个大帝，一个为了方便管理，不让子民学习外国的先进文化；一个为了富国强兵，亲自跑外国去学习。一个让强盛的中国越来越落后；一个把野蛮落后的俄罗斯带向繁荣富强。哪一个更牛，还用多讲吗？

名人来了

特约嘉宾
彼得一世
（简称"彼"）

越越
（简称"越"）

嘉宾简介：俄罗斯帝国皇帝，一个伟大的改革家。他接受西方先进文化，用改革，把落后的俄国改造成了一个强大而富有生机的欧洲强国。他那奋斗不懈、勇于进取的精神，将永远激励着俄国人前进。

越：陛下，您好！
彼：咳咳咳……
越：您怎么了？
彼：没事没事，就是受了点风寒。
越：咋这么不小心呢？
彼：也没什么，就是偶然看到有几个士兵掉到水中，眼看要淹死了，情况紧急，也没多想，就跳下去了，结果就　　咳咳！
越：这事还用得着您亲自做吗？叫几个侍卫救一下不就得了。
彼：当时……咳咳……没想那么多。
越：唉，这也确实是您的风格。听说圣彼得堡每次起火的时候，您都是第一时间赶到，哪里危险就去哪里。
彼：我是他们的皇帝，保护大家的安全，是我的天职。

越：佩服佩服。说起圣彼得堡，您为什么要把都城迁到这里来呢？莫斯科风景优美，又位于俄国中部，不是挺安全的吗？
彼：就是因为在中部，才不合适。俄国要强大，必须要有一支海军。而圣彼得堡在海边，正是操练海军的好地方。
越：可是当年这里全都是沼泽地，根本不适合人居住，您是怎么想的呢？
彼：你知道，我那趟西欧之行，印象最深的是哪里吗？
越：哪里？
彼：荷兰。
越：噢，为什么？
彼：你看啊，荷兰面积那么小，因为靠近大海，每年还会死很多人。可他们硬

名人来了

是凭借自己的双手，向大海要地，给自己创造了一个宽敞的家园！是不是很了不起？

越：对，因为来之不易，荷兰人很爱自己的国家，家里、路边到处都种了花。

彼：那你再看看俄国，哪个地方不比荷兰宽敞？但又有哪个愿意拿个扫把扫一扫，或者种点花，种点树什么的，把自己的家园打扮漂亮一点？

越：呃……

彼：所以，没有什么不合适的地儿！不合适的就把它变成合适的！荷兰人做得到，俄国人也做得到！

越：别人能不能做到我不知道，但您肯定可以！

彼：哈，为什么？

越：您不是十八般武艺，样样精通么？

彼：哪有哪有，我就会些木匠、瓦匠、铁匠活，都是些三脚猫功夫，算不了什么。

越：陛下日理万机，哪有时间学习这些？

彼：这都是小时候学的。小时候我家附近有个村子，村里住了很多外国人，我跟他们学会了很多东西，还出过海呢。

越：听说您和您的小伙伴还组建了一支童子军？

彼：对，我那时候很喜欢玩军事游戏。当年就是他们，帮我从索菲娅手中夺回了政权，如今他们都是我的左膀右臂。

越：哇，那您的小伙伴很给力啊！

彼：嗯。可惜，光是他们给力还不够，本来我想把我学到的这一切，教给我的子民，但反对我的人特别多，甚至连我儿子也跟我唱反调！

越：哦，那可不好办。

彼：有什么不好办的！跟皇帝作对的人都得死，是我儿子也得死！

越：……那您的江山以后交给谁呢？

彼：实在没人，就只有交给我的皇后了。咳咳……

越：不管如何，您的改革是非常了不起的！陛下保重！

广告贴吧

建都通知

为了把新首都圣彼得堡建设得更快更好,沙皇下令,全国的石头都要运送到这里当地基,每一位乘车前往此地的人,必须携带3块大石头,每一艘船必须携带30块大石头。全国其他地方禁止用石头盖房子。特此通知。

(注:1712年,彼得一世将都城从莫斯科迁往圣彼得堡。)

俄罗斯帝国参议会

年轻人的生活教科书

俄罗斯第一本生活教科书《青春宝典》上市啦!

这本书由沙皇陛下亲自策划,内容丰富,分类详细,从年轻人如何培养良好的品德,到如何去别人家里做客,如何更好地工作,等等,都有明确的规定,是年轻人不可多得的生活指南。现本店有少量沙皇亲笔签名版,很有珍藏价值,大家赶紧来购买吧,迟了就没有啦!

《青春宝典》编辑部

严禁工人逃跑

最近,造船厂的工人逃跑者众多,严重影响了船厂的工作进程,现沙皇下令,今后凡是再逃跑的,抓不住本人,就抓他的父亲和母亲,抓他的妻子和孩子,或者其他亲人,并将他们关进大牢。逃跑者一旦被抓,就被赶出圣彼得堡。

沙皇皇家造船厂

第 5 期

【公元 1688 年—1771 年】

又一个日不落帝国

穿越必读

英国人砍了国王的头后，走向了君主立宪的道路。他们向强大的法国发起挑战，并打败法国，赢得了美国、加拿大以及印度的控制权。从此，英国成了海洋和陆地的主人，一个新兴的日不落帝国就这样冉冉升起……

顺风快讯

荷兰人白捡了个国王
——来自英国伦敦的特别快讯

> 来自英国伦敦的特别快讯

（本报讯）公元1688年，英国人实在太讨厌现在的老国王了，想把他赶下台去。他们给老国王的大女婿——荷兰的威廉亲王（史称威廉三世）写了封信，希望他能来帮忙治理英国。

哈，还有这种好事！威廉一听，乐了，立刻带着一万多人马，浩浩荡荡地开往英格兰。老国王慌忙派兵抵抗，可士兵却一个个都归顺了威廉，他只好灰溜溜地逃走了。

半个月后，威廉和他的妻子坐上了英国国王的宝座。

登基之前，议会和国王签订了一份协议，名叫《权利法案》，里面是这样写的：未经议会同意，国王不得下令废止法律，不得任意征税，不得任意招募军队及维持常备军，不能个人决定王位继承问题。

好家伙，这分明是给国王上紧箍咒啊。但新国王一点也不介意，很痛快地在上面签了字——也是，反正这王位是白捡的！

因为这次事件没有发生任何打斗，也没有流一滴血，英国人对这个结果感到无比光荣，称它为"光荣革命"。

从这以后，英国的国王就渐渐没那么重要了。

自由广场

英格兰与苏格兰合并

英格兰某铁匠

特大消息！英格兰要与苏格兰合并啦！这苏格兰一直不愿意向英格兰效忠，英格兰也拒绝与苏格兰做生意。现在怎么一下子都变了？

要是苏格兰和法国勾搭在一块了，英格兰还有什么心思去争夺世界霸权？要是没有英格兰支持，苏格兰人的生意就做不下去，只有合并，才能互利互惠。

英格兰某木工

苏格兰某毛纺工人

英格兰人明明想合并，却颁布什么《外国人法》，说如果苏格兰拒绝合并谈判，就把苏格兰人当做外国人，这不是威胁吗？

其实哪是什么威胁，我们也是看英格兰发展这么快，离自己这么近，却一点好处也没捞到，所以才对英格兰不满的。现在英格兰都这么大方了，那还说什么废话呢，赶紧愉快地合并吧！

苏格兰某裁缝

（注：1707年5月1日，苏格兰和英格兰正式合并为大不列颠王国。）

奇幻漂流

不会说英语的英格兰国王

编辑老师：

　　您好。我是英格兰国王乔治（史称乔治一世），来自德意志（下称德国）的汉诺威。因为我的母亲是斯图亚特王朝的后人，前任英格兰国王又没有子女，所以他们就把我请来当国王（史称汉诺威王朝）。据说，英格兰人很欢迎我，连一只反对我的耗子都没有。

　　可是，我既不会讲英语，也不了解英格兰，连它有几个郡都不清楚。而且，英格兰的天气也招人讨厌，太潮湿了。说起来，我还是最爱我的家乡德国。你说，如果我总是住在德国，英格兰人会有意见吗？

来自德意志汉诺威的英格兰国王 乔治

尊敬的国王殿下：

　　您好。既然您已经接受了英格兰的王冠，就应该承担随之而来的义务和责任。作为一个英国国王，不会说英语，您该如何融入您的国家，如何与大臣们商讨国家大事呢？

　　现在英格兰有两个党派，一个叫辉格党（今英国自由党的前身，意思是"盗马贼"），一个叫托利党（今英国保守党的前身，意思是"不法之徒"）。这两个党派长期不和，甚至经常打架。

　　如果您不想学英语，又想撒手不管，最好从中选出一个领袖，替您主持大局，对议会负责。这样不管您在英格兰，还是德意志，都不会受到影响。

编辑 穿穿

　　（注：之后，英国成立了以首相为首的内阁。慢慢地，英国国王就不再参加内阁会议了。）

世界风云

英国人在北美洲

我们知道，英国人很早就到了北美洲。英国的第一个殖民地——弗吉尼亚就是在1607年建立的。

一开始，他们一心想在这里挖个金矿，发一笔大财。可是，北美洲的条件特别艰苦，他们又不肯做别的事情，没了吃的，就去别人手中抢，结果，金矿没有找到，有的还丢了性命。

一些人实在受不了，就回到英国，顺便把北美洲一种神奇的植物——烟草也带了回去。

英国人没见过烟草，觉得稀奇，看到有人鼻子里冒烟，还以为着了火。后来，英国人也爱上了抽烟。他们认为，印第安人这么强壮，是吸烟造成的，于是开始在美洲大量地种植烟草。这些烟草就像金矿，给他们带来了源源不断的收入。

这些人不愿意自己干活儿，于是也加入了买卖黑奴的队伍。

你知道象牙吧？那是一种非常珍贵的材料。英国人把黑奴称作"黑象牙"，因为黑人和象牙一样值钱。他们把一船一船的黑人，从非洲运到美洲，卖给种植园主大赚一笔，种植园园主让黑奴们不停地干活，又大赚一笔。

后来，有的英国人发现吸烟会损

世界风云

害健康，国王也写了一本书，禁止大家抽烟。然而，英国越禁止，北美洲种的烟草越多。难道这些人是傻瓜吗？当然不是。英国人不买，可以卖给外国人啊。除了烟草，他们还种植棉花、蔗糖等作物。因此，北美洲的种植园越来越多。不知不觉，英国人变成了大富翁。

英国人有了钱，就开始买武器、训练军队，一天比一天强大。之后，他们对准的第一个目标就是英国的老对头——法国。

要说这两国可真是冤家，走哪打哪。先前在欧洲打个天翻地覆，现在又到北美洲打上了。法国人说，北美洲是法国的一部分，英国人一听，气得哇哇大叫，哎，两个又打了起来。

这一年正是1756年，欧洲的普鲁士和奥地利也打得正热闹。因为法国和奥地利组成了联盟，英国便和普鲁士站到了一边。

结果，奥地利被普鲁士打败了，法国也被英国打败了。

从那以后，北美洲就成了英国人的天下。

世界风云

"黑洞事件",英国人在印度

1756年,印度发生了一桩骇人听闻的事件——100多名英国商人被关进一间小黑屋,活活闷死了!

消息传出后,英国人气得要命——"太残忍了!""打倒野蛮人!"好像恨不得一下子把整个印度踏平。

不过,印度人对此予以回击说,这是英国人应得的报应。这是怎么回事呢?

说起来,这事跟英国的东印度公司有关。

早在伊丽莎白女王在世的时候,英国就在印度设立了东印度公司。当时,统治印度的是莫卧儿帝国。奥朗则布去世后,王子们为了争夺王位,把印度搞得一团糟。

东印度公司趁机浑水摸鱼,在孟加拉的加尔各答买下一块地,设为贸易总部,把印度的粮食和原料,以及中国的丝绸、茶叶、瓷器,一船又一船地运往英国。

别的倒还好,粮食是人类的命根子。没有粮食,印度开始闹饥荒,成千上万的人被饿死,日子很不好过。

这时,东印度公司却在加尔各答成立了一支军队,天天修筑炮台,没事就扛着长枪,在街上踢正步,比在自己家里还嚣张。

孟加拉太守道拉是个20多岁的年轻人,认为英国人此举欺人太甚,要求他们把炮台拆掉,却被对方一口拒绝。

道拉一怒之下,率军攻入加尔各答,把100多名英国商人一

世界风云

股脑儿关进一个小屋。小屋里又黑又潮湿，只有一扇小窗户，于是，不幸的事情就发生了。

英国人遭到这样的待遇，当然不会罢休。他们派出一个叫克莱武的指挥官，收买了印度军队中的司令官，把印度军队打得稀里哗啦，还把孟加拉的金库抢得干干净净。光克莱武一人，就抢走了20万镑的黄金。事后，克莱武还后悔莫及，说自己实在太傻，抢得太少了。

之后，东印度公司把他们的老对头法国以及荷兰的商人，统统从印度赶走。从此，整个印度就成了英国的殖民地。

现在，欧洲、亚洲、非洲、美洲，就连南半球的澳洲，也有英国人的身影。放眼望去，但凡阳光能照到的地方，几乎都有英国的领地。现在轮到他们说，他们才是"日不落帝国"了呢！

（编者注：澳洲是一个叫库克的英国航海家在1770年发现的。不过，因为澳洲没有香料，也没有黄金，距离遥远，所以，英国人并没有在那里居住。要是哪个人不老实，就会被流放到那里，再也没有机会在英国惹是生非。）

名人来了

特约嘉宾
乔治三世
（简称"乔"）

越越
（简称"越"）

> **嘉宾简介：** 英格兰国王兼汉诺威国王。七年战争的胜利，让英国的世界版图比罗马时代扩大了一倍，但他还不满足。为了巩固王权，他组建了一个属于自己的内阁，希望能够获得更多的权力，做一个真正的国王。

越：（环视四周）尊敬的陛下，您好，请问这里是首相大人他们开会的地方吗？

乔：什么，你刚刚是说"国王的走狗"吗？

越：（赶紧摆手）啊，没有没有，我没有这个意思！

乔：哈哈，"首相"就是这个意思！

越：（窘）啊，误会误会，我不知道高大上的"首相"还有这个意思在里面！

乔：没事。"首相"介意，我又不介意（大笑）。——回答你刚才的问题吧，这里确实是首相他们开会的地方。

越：噢，房间这么小，怪不得叫"内阁"（意思是小房间）。

乔：别看它小，很多重要文件都是从这里出去的。

越：嗯，这小房间以后会越来越重要，甚至比英国国王还重要呢！

乔：（警惕）什么？

越：啊，没什么没什么。我的意思是，国王有没有不重要，重要的是不能没有这个"内阁"……啊呀，我又说错了！

乔：……哼，我就知道那些内阁不安好心。这都怪我的曾祖父，他要肯好好学英语，不就没首相、内阁这些事了吗？

越：什么都不用管，无事一身轻，多好哇！

乔：什么事都让大臣做了，还要我们国王干吗？

越：那您现在会说英语了吗？

乔：当然会。现在，我英语讲

名人来了

得很好，什么都可以管，就不用麻烦这些"首相"和"内阁"了。

越：你想怎么管呢？

乔：唉，现在才管有点难啊。之前我本来想收拾一个不听话的议员，结果英国人为了他到处示威反对，还选他当市长，我竟一点办法都没有。你说这样的国王当了有什么意思？

越：不是打赢七年战争了吗？现在英格兰的领土比以前扩大了一倍了！这多光荣啊！

乔：可为了保住北美，我们也花了不少钱，借了不少债。

越：那得赶紧想办法把钱还了。

乔："冤有头，债有主"，既然是给北美花的，那就只能向北美多收点税了。

越：北美的人同意了吗？

乔：要他们同意做什么？我是他们的国王，想要他们怎么交就怎么交。

越：但您的做法是不是有点过了？

乔：什么做法？

越：我给您看个东西（掏出一个信封，上面贴印花税票的地方画了骷髅头）。

乔：（大怒）这是谁在上面乱写乱画？

越：现在他们买份报纸，寄封信都要给您付税，这是他们在抗议呢！说您只会问他们要钱。如果不给他们选举的权利，他们就不交税了！

乔：忘恩负义的家伙！英格兰为了保护他们，和法国打了那么多年仗，钱花得跟流水似的，他们心里没一点数吗？

越：英国和法国一直是老对头，说是为了保护他们才打架，有点过于牵强！

乔：总而言之，他们只要一天是我们的子民，就必须交一天的税！

越：那要是他们不交呢？

乔：那英格兰只有一条路可以走，打！

越：唉，就知道打。好了，今天的采访就到这里了。陛下保重！

广告贴吧

贩卖黑人

下周星期四，本处将在港口附近拍卖94个年轻、健康的黑奴。其中，成年男子39人，成年女子24人，男孩15人，女孩16人。欢迎有兴趣者前来购买。

纽约华尔街黑人交易处

大英博物馆对外开放

1759年1月15日，世界首家公共博物馆——大英博物馆将正式对外免费开放。这里收藏了来自世界各地的各种文物、书籍及植物标本，藏品丰富，种类繁多，可以说是举世罕见。欢迎所有好学的人前来参观。因条件有限，很多藏品未能展出，还请见谅！

大英博物馆

种牛痘可以预防天花

乡村医生詹纳经过20多年的研究和试验，发现出过牛痘就不会再患天花了，并在他儿子身上接种疫苗，获得了成功。5月14日，他将当众进行第一次牛痘接种试验。凡是对此次试验有兴趣的人，欢迎前来观看。

乡村医学会于1796年

《格列佛游记》图书发布会
带您遨游小人国与大人国

本书于1726年第一次出版时，就震惊了世界文坛。如果你想一睹它的奇文妙字，如果你想知道它背后的故事，请于明日上午10点前往我中心参加图书重印发布会。你将有机会见到该书作者乔纳森·斯威夫特先生噢。

亨利出版中心

第 6 期

【公元 17 世纪—18 世纪】

启蒙三剑客

穿越必读

  18 世纪,继文艺复兴之后,欧洲再次掀起一场思想解放运动——启蒙运动。在这次运动中,涌现出很多大师和巨匠——伏尔泰、孟德斯鸠、卢梭、狄德罗、康德……他们没有枪,也没有炮,却用一支笔,让自由、平等、民主等观念走进了人们心中。

顺风快讯

欧洲刮起"启蒙风"
——来自欧洲的秘密快讯

（本报讯）最近，欧洲刮起了一股"启蒙风"。什么是"启蒙"呢？启蒙的意思是说：一个什么都不懂的人，受到启发后，懂得了许多知识和道理。启发他的人，就叫"启蒙老师"。

> 来自欧洲的秘密快讯

那是不是只有懵懂无知的小孩，才需要启蒙呢？不是的，事实上，现在很多大人也需要启蒙。他们和小孩一样，不会写字，不会阅读，你要问他们，谁是牛顿，树上的苹果为什么会落在地上，那简直是对牛弹琴。

这一切，当然是国王和教会的"功劳"。他们认为人们知道得越少，就越听话，不断地给老百姓洗脑，说什么"君权神授"、"朕即国家"等等，不准大家有别的想法。人们害怕得罪神，就像孩子一样对他们言听计从，不敢有一点儿反抗。

而现在，有一些头脑清醒的明白人，站出来教导大家：不要被国王和教会牵着鼻子走！要用自己的头脑去独立思考！

他们的言论，就像一阵龙卷风，震撼了所有人的心灵。

院长大人会写书

1721年，法国出版了一部叫《波斯人信札》的长篇小说。书中讲述了两个波斯人漫游法国的故事，表面上看平平无奇，实际上，里面把上至国王，下至国王的600个糕点师傅，统统嘲笑了一通。是谁吃了熊心豹子胆，居然敢取笑一国之君呢？

小编打探后，吃惊地发现：这个笔名叫波尔·马多的作者，竟然是波尔多法院的院长孟德斯鸠！

这可了不得，要知道，孟德斯鸠出生于法官之家，祖父和伯父都是当地有名的法官，全都要靠国王赏饭吃。而他自己也是靠着这种关系，才继承了法院院长的职务。可如今，他出版了这么一本书，他的院长之位还能保得住吗？

果然没多久，孟德斯鸠就丢掉了院长一职，去欧洲各国游历去了。

就在人们快要把他遗忘的时候，1748年，孟德斯鸠又丢出了一部惊世之作——《论法的精神》，短短两年就印了22版！

为什么这么受欢迎呢？因为在书里面，孟德斯鸠说，一切有权力的人，都容易滥用权力，要防止滥用权力，就必须以权力制约权力，因此，国家的立法权、行政权、司法权应该分开，各自独立运行，才能避免专制、独裁。

一个有机会骑在人们头上，奴役人们的贵族，竟然为普通老百姓着想，这样的人，人们怎么能不感动，不为之鼓掌叫好呢？

世界风云

他唤醒了人类

公元1778年5月，整个法国沉浸在一片悲痛之中。十几万人涌上街头，为一个老人送葬。这个老人是谁，为何能获得如此殊荣呢？

原来，这个老人是启蒙运动中的泰斗级人物——伏尔泰。不过，伏尔泰是他的笔名，至于他的真名，已经很少有人记得了。

伏尔泰出生在法国一个贵族家庭，家境还不错。他的父亲是一名法律公证员，希望他将来能做一名法官。但伏尔泰却爱上了写文章，一天不写就不舒服。有一次，他写了一首诗嘲讽宫中的贵族，结果被"请"进监狱，关了11个月。

但没有自由，他还有笔啊！他唰唰唰地奋笔疾书，在狱中改编了一部希腊经典悲剧《俄狄浦斯王》。这部戏剧一上演，就在巴黎引起了巨大的轰动，24岁的伏尔泰也因此一炮而红，被人们称为"法国最优秀的诗人"。

伏尔泰成名后，贵族

真是个写作的好地方！

世界风云

们千方百计地讨好他,但他并不把这些人放在眼里。有个贵族恼羞成怒,便找来一群恶棍,把伏尔泰打了一顿后投入了巴士底狱,最后唆使国王把他赶出了法国。

伏尔泰留不得!

他从来不把我们放在眼里!

这时,英国已经是一个实行君主立宪制的国家,无论是经济,还是科学,都比法国发达。伏尔泰刚到英国的时候,正赶上牛顿去世,英国第一次为一个科学家举行国葬,成千上万的市民为牛顿送行。

伏尔泰看了,十分感慨,说:"在这里,人们瞻仰的不是国王的陵墓,而是为国增光的伟人。"——他万万没有想到,50年后,他自己也会得到跟牛顿一样尊贵的待遇。

伏尔泰很喜欢英国,在英国居住了3年才回到法国。之后,他把所见所闻用书信的形式写了一本书,叫《哲学通信》。介绍了牛顿和牛顿的成就,把教皇称作是"长了两只脚的禽兽",把天主教说成是"一群狡猾的人编织的骗局",贵族和国王也被他骂得狗血淋头。

伏尔泰写得既生动又有趣,人们看了都哈哈大笑,贵族们既爱看他的文章,又怕被他骂。国王和教会觉得这个人太危险,下令把他的书全部烧掉,要把他关起来。有的人甚至说:"必须把

世界风云

伏尔泰关到一个永远没有笔、没有墨水,没有纸张的地方去!"

伏尔泰不得不再次离开法国,远走他乡。

然而,这部著作已经成为一颗丢出去的炸弹,再也没有人能将它熄灭。他的文章就像洪水一般,冲向欧洲的各个角落。人们热切地称他为"法国思想之王""欧洲的良心"和"精神王子"。

由于伏尔泰的威信越来越高,法国不得不同意伏尔泰回国。1778年2月,已经83岁的伏尔泰终于再次踏上巴黎的土地,成千上万的法国人跑去迎接他。可惜的是,没过多久,他就去世了。

他死后,人们在他的棺木上写了这样一句话:"他唤醒了人类,并为人类的自由铺平了道路。"

发明简谱的哲学家

你认识简谱吗？在这之前，人们一直是使用五线谱来记录音符。可有个小伙子觉得五线谱太烦琐，抄起来太费劲，改用数字1、2、3、4、5、6、7这七个数字和几个符号来记录。没想到歪打正着，人们喜欢上了这种简化的五线谱，不知不觉就流传开了。

这个聪明的小伙子是谁呢？他就是当代最会作曲的哲学家，最有思想的音乐家——让-雅克·卢梭。

说起卢梭，他的童年比伏尔泰、孟德斯鸠可就不幸多了。生下来不到10天就没了母亲，父亲是个钟表匠，因为欠债被迫离开家乡，再也不见人影。为了生活，卢梭四处流浪，常常是吃了上顿没下顿。

到了20岁的时候，卢梭认识了一个阔太太。在这位太太的帮助下，卢梭专心研究学问和音乐，写了很多文章和剧本。一个偶然的机会，他看到一则有奖征文广告，便写了一篇《论科学和艺术》的论文寄过去，结果被点为"状元"，一举成名。

有一次，国王喜欢上了他写的一个戏剧，想接见他，每年赞助他一大笔钱——这可是很多穷光蛋梦寐以求的事儿！可卢梭却一口拒绝了，他认为拿了钱，就要听国王的话，没有了自由。而没有自由，比没有钱可怕多了。最后，连国王的面都不见，就悄悄地溜走了。

后来，卢梭又先后出版了两部重磅级的作品，一部叫《社会契约论》，一部叫《爱弥儿》。

在《社会契约论》中，卢梭说，国家是人民与国王订立契约的产物，国家的权利应该属于人民，而不是国王，国王不过是受人民的委托，帮人民处理国事而已，如果违反了人民的委托，人民有权废掉国王，重新再找一个。

在《爱弥儿》中，卢梭批判了教会的荒诞与腐败，认为"教育应该以儿童为本，让儿童过儿童应有的生活"。人们头一次见到这种观念，震惊的程度，丝毫不亚于当年哥白尼提出的日心说。

这两部书的出版，给卢梭带来了巨大的荣誉。但国王和教会很不喜欢卢梭写的这些书，查禁了他的书还要逮捕他。在之后长达8年的时间里，卢梭一直在逃难，晚景十分凄凉。

与此同时，卢梭的《社会契约论》传遍了整个欧洲。人们如饥似渴地读着里面每一个文字，流下了感动而又辛酸的泪水……

（注：伏尔泰、孟德斯鸠和卢梭被称为"启蒙运动三剑客"。）

自由广场

谁是世界上最伟大的人

英国某羊毛商人

谁是世界上最伟大的人？应该是亚历山大吧！他可是历史上最伟大的征服者，13年时间，统一希腊，横扫中东，然后占领埃及，荡平波斯帝国，一直打到印度河流域，促进了东西方文化的交流，对人类文化的发展产生了重大的影响。

我觉得是克伦威尔。没有他，就没有现在的英国，他是英国革命中唯一的大英雄！

英国某贵族

英国某牛顿的粉丝

应该是牛顿！在他之前，我们人类是多么可怜啊，做什么事，都要看神的脸色。可牛顿说：树上掉来的果子，海边的潮汐，都是有规律可循的，跟神没有什么关系。如果大自然真的有很多规律，那他就是叩开这扇大门、让我们相信科学的第一人！

当然是牛顿了。最伟大的人，应该是以真理的力量来统帅我们头脑的人，而不是用暴力来奴役我们的人；是认识宇宙的人，而不是歪曲宇宙的人。

英国哲学家伏尔泰

奇幻漂流

两个大师互掐，怎么办

编辑老师：

您好！我有两个好朋友，他们的大名想必你也是如雷贯耳。一个叫伏尔泰，一个叫卢梭。但这两个好朋友实在太让我操心了。

本来，卢梭和很多人一样，很尊敬伏尔泰，所以才给他写了封信，希望他能看看自己的文章，指点指点一下。谁知伏尔泰看完之后，却挖苦卢梭说："从来没见有人这么理直气壮，让我们做动物的。读了你的书，真的令人渴望用四只脚走路了！"还邀请卢梭去他家后花园吃草。

这下可把卢梭气坏了。从此两人你瞧不上我，我瞧不上你，说什么都对着掐。你说，两人都是有名的思想家，怎么思想觉悟这么低，不能好好相处呢？

一个苦恼的朋友

这位朋友：

您好！表面看，伏尔泰和卢梭两位大师都憎恨腐败，反对暴政，都被迫离开法国。实际上，他们有很多不同点：伏尔泰重视科学与文化，卢梭却认为科技和文明是人类灾难的源头；伏尔泰希望用和平的方式建立新的国家，卢梭却主张使用暴力打碎旧的制度；伏尔泰认为私有财产不容侵犯，卢梭却希望消灭私有制。而这所有的不同，我想，还是源于他们的出身不同。您想，一个从小锦衣玉食，走的是精英路线；一个从小为生计奔波，和草根打交道。这样的两个人，怎么能走到一起呢？

其实，走不到一起，也没什么大不了的。每个人有每个人的圈子，不必强融。不管怎样，他们都是了不起的哲学家，是导师中的导师！向他们致敬！

编辑 穿越

名人来了

特约嘉宾
狄德罗
（简称"狄"）

越越
（简称"越"）

嘉宾简介： 法国启蒙思想家、哲学家、戏剧家、作家。平民出身，精通英语、法语、意大利语等多种语言，是启蒙运动的代表人物。他当过家庭老师，翻译过书籍，最大的成就是主编了世界上第一部《百科全书》。

越：狄德罗先生您好，我有点小激动，心脏怦怦怦地跳个不停。

狄：为啥激动呢？

越：我终于见到《百科全书》的主编了！哈哈，是不是我也可以加入你们的"百科全书派"了？

狄：（摸摸头）这个，那我得问问伏尔泰、孟德斯鸠这些人。

越：（吐舌）算了算了，开个玩笑，我就当个您的忠实小读者好了。

狄：那你可要好好读哦，估计没有几个月你是"啃"不完的。

越：五千多万字，的确是个大工程！您怎么想到要编这么个大部头呢？

狄：就是一个偶然的机会，有个书商要我给他翻译一部书，我一看，这书不但观点陈旧，内容也很不完整，所以，就想编一部含金量特别高的《百科全书》，没想到一编就编了二十几年，从一个大叔，熬成一个小老头了！

越：哎，要是换我，早放弃了，您还坚持这么久，真是让人佩服！

狄：是啊，和我一起编书的人换了一茬又一茬，只有我坚持到了最后，它就像我自己的孩子一样。

越：我这几天读您的大作，发现个很有趣的地方。

狄：哦？说来听听。

越：就是这部书的索引很独特，您采用的是交叉方式，把那些分散但又相关的内容，像串糖葫芦一样

名人来了

给联系起来了。

狄：（点头微笑）看来，你还真是仔细读我的书了呢。

越：那是当然！就说"杏"这个词条吧，本来是个再普通不过的植物类词条，可您还介绍了一个制作杏子酱的菜谱。

狄：那你有没有动手做一做呢？

越：作为资深吃货，那是必须的啊！味道好极了！

狄：哈哈，那我就没白写。

越：从白糖那里，您又引出了糖厂，接着介绍了如何开糖厂、如何管理奴隶，我真是服了您的脑洞！

狄：对，我希望把所有的知识都能编进来，也希望人们看到它，相信科学，不要再相信那些什么神啊、鬼啊什么的，世界上根本没有上帝，什么君权神授，不过是愚弄老百姓的蠢话！只有人，才是大自然的创造源泉。

越：天啊，您说这些话太危险了啊。要是像伏尔泰他们一样，书被禁了，坐牢了咋办？

狄：禁书？这个时代被禁的书还少吗？我不在乎。牢我也已经坐过了，可那又能怎样，出来之后，我照写不误。

越：正是因为您的坚持，才有这么一部伟大的著作，向您致敬。

狄：致敬不必了，回去好好看看我这个书，嘿嘿。我可不希望它躺在你高高的书架上睡懒觉。

越：一定一定。——您能取得如此成就，一定和家庭的支持分不开吧？

狄：我父亲是个工匠，他一直希望我能当个医生，或者当名律师，好出人头地。

越：唉，看来从古至今，"家长"就没变过……

狄：我父亲对我的爱好，是一点都不支持。大学毕业以后，就中止了对我的资助。咳咳（咳嗽起来）……

越：您怎么了？不舒服？

狄：奔七的年纪啦，身体差点也正常。咳咳……

越：那您赶快回去休息吧，咱们后会有期。

83

广告贴吧

🪦 牛顿的墓志铭

自然和自然的规律隐藏在茫茫黑夜之中。
上帝说：让牛顿降生吧！
于是，一片光明。

英国诗人亚历山大·蒲蒲柏于1727年

🐕 求购房屋一套

大家好，我家主人是德国著名哲学家康德，他最喜欢的事情是思考问题。可是最近邻居养了一只大公鸡，每天啼叫，让我家主人烦恼不已。他本来想把那只鸡高价买下来杀了，结果邻居不同意。所以，现在他打算搬家。我家主人的要求不高，安静就好，如果房子的周围鲜花怒放，绿树成荫那就更美妙了。哪位有合适的房源，请与我联系，价格好商量。

康德的仆人

《忏悔录》，因真实而伟大

让人等待已久的《忏悔录》震撼上市了！

这是世界上绝无仅有，也许永远不会再有的一部杰作！一代大师让-雅克·卢梭，将自己360度无死角地呈现给大家。你一定想象不到，卢梭当过小偷，做过骗子，给别人抄写过乐谱，而且他居然还敢写出来。这种自黑式的真诚，将使这本《忏悔录》成为千古绝唱！再不下手，你就买不到了！

开明书局

智者为王 第❷关

1. "俄罗斯帝国之父"是指谁?
2. 彼得大帝从哪个国家手中抢到了波罗的海霸权?
3. 中国人把俄罗斯帝国的人称之为什么?
4. 哪两个皇帝是同一时代的且都文治武功?
5. 1689年,中国清朝跟俄罗斯帝国签订了一份什么条约,割让了一大片土地?
6. 英格兰人通过什么革命,赶走了英国国王?
7. 1707年,英格兰与哪个王国合并了?
8. 英国斯图亚特王朝结束后,取而代之的是哪个王朝?
9. 英国人在印度时,统治印度的是哪个王朝?
10. 大英博物馆于哪一年正式对外开放?
11. 《论法的精神》是谁的作品?
12. "启蒙运动三剑客"是指哪三位?
13. 伏尔泰认为谁是世界上最伟大的人?
14. 世界上第一部《百科全书》是谁主编的?
15. 法国"启蒙运动三剑客"中里面有康德吗?为什么?

智者无敌 王者为大

第7期

【公元 1730 年—1766 年】

文艺青年和他的王国

穿越必读

一个热爱艺术的文艺青年，在父亲的逼迫下，扛起了普鲁士的江山。而谁也没想到，有朝一日，这个文艺青年会变成一头战争魔兽，更没想到，小小的普鲁士，竟会因为他，跻身欧洲五强之列，向世界强国迈进了一大步。

顺风快讯

小王子离家出走
——来自普鲁士王国的加密消息

来自普鲁士王国的加密消息

（本报讯）1730年的一天，普鲁士王国传来一个消息，18岁的小王子弗里茨离家出走了！

和他一起出走的，是他的一个死党。据说他们的目标是，先去英国，再去音乐之都维也纳，追寻自己的艺术梦想。

说起这个小王子，那是典型的文艺青年一枚，除精通多种外语之外，还爱画画，爱读书，爱音乐，因为长笛吹得好，还被人奉为"古典长笛第一人"。

可惜，这个梦还没来得及实现，就被老国王（史称腓特烈·威廉一世）打破了。两人还没跑到边境，就被国王派人给抓了回来。

据说国王气得要命，当场就表演了一出"杀鸡儆猴"，以"叛国"的罪名，杀了王子的死党，然后把王子"哐当"一声关进了大牢，还扬言说要把这个唯一的继承人给杀了。

要不是神圣罗马帝国的皇帝，还有众多大臣给他求情，小王子可能也像他的好朋友一样，去见上帝了呢！

普鲁士王国的建国史

最近，普鲁士小王子的事传遍了整个欧洲。很多人一下子对普鲁士产生了浓厚的兴趣，下面小编就来给大家普及一下。

大家还记得十字军东征中的"三大骑士团"吗？普鲁士就是其中的条顿骑士团建立的。一开始，普鲁士是向波兰效忠，后来成了神圣罗马帝国的一个小邦国，也没什么地位。

1701年，神圣罗马帝国的皇帝被人打得落花流水，其他的邦国都见死不救，只有普鲁士雪中送炭，借给了皇帝8000士兵。皇帝一感动就同意将普鲁士升级为一个王国。

普鲁士的第二个国王，也就是这位逼着儿子当战士的老国王，一心想让普鲁士变得更加强大。他有一个外号，叫"战士王"——光听这个名头，就知道他是个什么样的人了吧？

他认为一个男人，最重要的是要有男子汉气概，绝对不能像路易十四那样，穿得花花绿绿，跟个女人似的。要是被他发现，谁在用那些外国的花边和蕾丝，就会被全部没收。

所以老国王什么都不爱，就爱打仗，每次上朝，都穿着一身军服。别人喜欢收集邮票，收集古董，他的爱好是收集高个子——只要谁的个子长得特别高大，不管在什么地方，花多少钱，他都要千方百计地弄进他的巨人军队，就连长得高大的女人也会被他拉到部队里去，和那些男巨人结为夫妻。因为他认为，这样可以生下更加优秀的"普鲁士武士"，让军队变得更强大。

绝密档案

如果你没当过兵，不会打仗，就算你是个特别优秀的音乐家、画家，他也会嗤之以鼻，说："哼，这种人有什么用！既不会打仗，也不会带兵！"

他把国家的大部分钱都用来建设军队。曾经有一次，有一位寡妇跟他说，希望政府能够可怜可怜她，资助她一下。他竟然大怒说："国家的钱，每一分都要花在军队里，绝不能浪费！"

和很多父母一样，老国王也希望儿子能像他一样，做一名钢铁战士。可事与愿违，小王子对带兵打仗一点儿也不感冒。

为这事，父子俩闹翻了天。老国王把儿子的诗啊，画啊，笛子啊，一股脑儿全都扔了，强迫儿子跟着自己去军队看阅兵，看演习。要是儿子有丁点不听话，不是噼里啪啦狂揍一顿，就是关上几天，水都不让喝一口。小王子实在受不了，这才离家出走。

唉，有这样的父亲，小王子怎么可能当得成艺术家呢？

女的也能当兵？

这么高的个子，不跟着我打仗可惜了！

自由广场

乖宝宝和小野兽

哎呀，你们发现没？王子现在像变了个人似的，不说话，不吭声，国王要他做什么他就做什么，叛逆青年一下变成了一个乖宝宝！哎，一个天才的音乐家、哲学家，就这样夭折了！

普鲁士王宫某侍女

普鲁士王宫某侍卫

不变怎么办？再不变，他的那个魔鬼父亲，说不定把他宰了！唉，有这么个爹，真是悲剧！

有道是"不打不成才"，你们还真别说，老国王这么一打，王子那一身惊人的军事天赋，就像打开了魔盒一样，全涌出来了！咱普鲁士这三流国家说不定真能跻身欧洲强国呢！

普鲁士某士兵

普鲁士某商人

这个不太容易吧？你们看啊，普鲁士东边是俄罗斯帝国，南边是奥地利，西边是法国，北面是瑞典，哪一个不比咱普鲁士强？咱普鲁士，就像是铁罐堆中的陶罐。"陶罐"想要冲出"铁罐堆"，比登天还难！

那不一定。你看咱们国王一登基，就出台了全新的征兵制，向民间征兵。依我看，咱们这个哲学家王子，很不简单，我看好他哦！

普鲁士某贵族

"打"出来的大帝

1740年,28岁的普鲁士王子正式登基(史称腓特烈二世)。

也是这一年,神圣罗马帝国皇帝查理(史称查理六世)驾崩。因为没有儿子,查理把奥地利的王位传给了他22岁的女儿玛丽娅·特蕾莎公主,很多人表示反对。

特蕾莎是腓特烈的表妹。老皇帝也是个音乐爱好者,在世时非常喜欢腓特烈。腓特烈也曾经答应过他,一定会保护自己亲爱的表妹。

对于表妹的继位,腓特烈表示没有异议,但他却很想要奥地利的一块领地——西里西亚(位于中欧,现大部分属于波兰)。

于是,他威胁表妹说,如果愿意把西里西亚给他,他就支持她当女王,否则就把奥地利夷为平地。

特蕾莎虽是个女孩子,却一点儿也不害怕,还豪情万丈地说:"有本事,你就过来拿吧!"

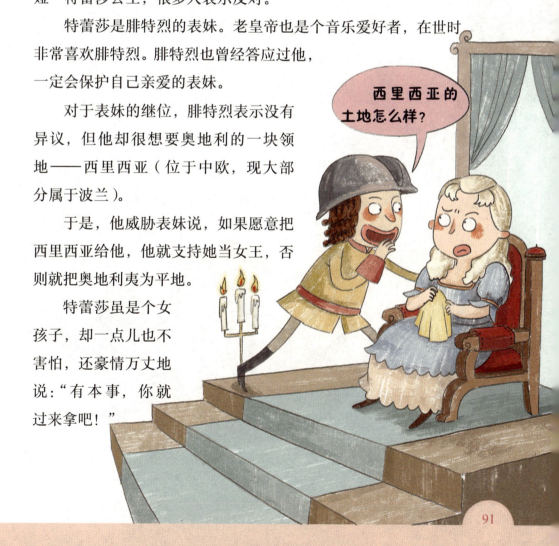

世界风云

谁知普鲁士和奥地利一开打,英国、法国、荷兰、西班牙等国家就跑来凑热闹(史称奥地利王位争夺战)。特蕾莎分身乏术,只好眼睁睁地看着西里西亚被腓特烈抢走了。

有了西里西亚,普鲁士的国土一下扩大了三分之一!

可是,谁的东西被抢走后会甘心呢?

1756年,特蕾莎悄悄地与法国、俄国联系,想请他们帮忙把西里西亚夺回来。结果不知是谁走漏了风声,腓特烈抢先一步发动进攻,打了个大胜仗。

小小的普鲁士居然打败了奥地利!这下,整个欧洲都震惊了!谁也不愿意身边再出现一个强大的国家,于是,除了英国外,几乎所有国家都抱成一团,一起对付普鲁士。

怎么人越来越多啦?

世界风云

这一打，就是7年。

普鲁士以一国之力，哪里抵抗得了。最危险的一次，腓特烈冲锋了3次，3匹战马战死，最后身边只剩下3000人，急得他想自杀。

眼看普鲁士就要完蛋，戏剧性的一幕发生了——新继位的俄国沙皇彼得（史称彼得三世）是腓特烈的铁杆粉丝，不愿与偶像为敌，居然宣布退出战争，还把俄国占领的土地全部还给了普鲁士！

消息一出，所有人都大跌眼镜，就连腓特烈自己也无法相信自己的耳朵。就这样，普鲁士奇迹般地起死回生，打败了奥地利。

从那之后，小小的普鲁士，开始与英、法、俄、奥一样，成为欧洲最强大的国家之一。而腓特烈二世本人则成为欧洲大地上又一位"大帝"。

我是您的忠实粉丝啊！

粉丝签售会

人民的第一号公仆

很多人都不喜欢腓特烈的父亲，却很喜欢腓特烈。因为腓特烈对自己的子民非常好，就像一个母亲爱护自己的孩子一样。

腓特烈说，人民不是为国王而存在，国王才是为人民而设的。用他自己的话说，他是"人民的第一号公仆"。

他不但是这么说的，也是这么做的。每天，他强迫自己四点起床，并且命令仆人，如果他不愿起床，就把一条冷毛巾扔在他的脸上。据说，他一天工作的时间将近20小时，除了吃饭和睡觉，他几乎都在"为人民服务"。

他对他的大臣很不信任，那些官员动不动就搜捕百姓。所以，不管做什么，他都亲自做决定，就连他的宰相也插不上手，甚至从报纸上才能知道，国王做了些什么事。

可他对他的子民们，却十分宽容。以前，谁要敢说国王一个"不"字，脑袋就可能搬家。现在，人们不但可以向国王提意见，而且谁提了中肯的意见，还会得到国王的奖励。在他眼里，一个穷苦的农民，和一个贵族、一个有钱人是平等的。

据说，腓特烈在离柏林不远的地方修建了一座无忧

世界风云

宫。可是宫殿附近有一个磨坊，又旧又破，整天嘎吱嘎吱的，让人厌烦。腓特烈就想把它买下来拆了，请磨坊主开个价。

可磨坊主却说："这是我祖传下来的磨坊，我死也不会卖的！"

要是换成别的国王，早就组织拆迁队，把磨坊强行拆了，或者干脆把磨坊主关进大牢，甚至杀了。

可是腓特烈没有这么做，他觉得磨坊主不畏权势，是个敢于维护自己权利的人。从此以后，就再也没有打扰过磨坊主。直到现在，这个磨坊还像颗"钉子"一样钉在那里呢！

当然，腓特烈还是像以前一样，喜欢音乐和诗歌，坚持每天练习吹四次长笛。在他的宫殿里，住满了艺术家、音乐家和哲学家，他还长期和很多作家、哲学家、国王保持通信，甚至写诗交流。

不过，腓特烈最重视的还是军队。在他的整顿下，普鲁士军队成为欧洲军事素质最高的一支军队，被欧洲的国家竞相效仿。

现在，普鲁士已经完全成为一个现代化的国家，有宽阔笔直的道路，有温暖舒适的房屋，有宽敞明亮的学校，孩子们不分男女，不分贵贱，不用交钱也有书读。越来越多的人喜欢普鲁士，他们觉得，有这样的国王，真是太好啦！

奇幻漂流

我要不要去普鲁士

编辑老师：

　　您好。最近我收到一封信，普鲁士的国王腓特烈邀请我去他的国家做客，信里说了一大堆好话。

　　说实话，一般情况下，都是作家想方设法地讨国王欢心。而这个国王如此恭维我，重视我，让我的虚荣心得到了大大的满足。

　　你可能不知道，我一向很喜欢中国，也很推崇孔子。我认为中国这么强大，是因为它开明的制度。我希望，欧洲也能建立一个由开明君主统治的国家。听说腓特烈之前就号称"哲学家王子"，说不定他能替我实现这个理想。

　　可是，我的朋友却不让我去。我现在也有点犹豫，到底该不该去呢？会不会有人误会，我是为了国王给的薪水？

伏尔泰

伏尔泰先生：

　　您好。非常感谢您对中国的溢美之词。如果您去过中国，说不定会改变这种观念。事实上，中国并没有您想象中那么好，它和欧洲一样，有专制，有压迫，也有受苦的百姓。

　　同样，您也没去过普鲁士，不了解腓特烈，所以才有这么高尚而美好的想法。但是，我还是要忍不住提醒您——

　　您忘记了法国专制给您带来的教训吗？忘记了那些贵族带给您的侮辱吗？忘记了您在巴士底狱的痛苦遭遇吗？一个爱好战争的地方，可能比法国更黑暗、更残酷，您能接受吗？

　　腓特烈之所以邀请您，只是想借助您的名声，装点门面。还请您三思而后行。

编辑 穿穿

（注：伏尔泰在普鲁士待了三年，后来失望地离开了。）

名人来了

特约嘉宾
腓特烈大帝
（简称"腓"）

越越
（简称"越"）

嘉宾简介： 他多才多艺，既是一个国王，也是一位出色的军事家、音乐家以及作家。他开创了普鲁士的辉煌时代，是普鲁士的民族英雄，也是欧洲所有军人崇拜的偶像。

越：（德语）尊敬的国王，见到您真是太激动了！

腓：（摆手）等等，请跟我说法语。

越：啊，您不是德国人吗？

腓：哦，我讨厌德语，只有没有教养的人才会说德语。

越：那您平时跟您的大臣怎么交流呢？

腓：主要是说法语。当然，你还可以跟我说英语、西班牙语、葡萄牙语、意大利语、拉丁语、希腊语和希伯来语我也能听懂。

越：哇，您可真是博学多才啊！

腓：噢，别这么大惊小怪。这并不是我最擅长的，我最擅长的是练兵。

越：这个我知道。您练兵的方法，是全欧洲练兵的样板。拿破仑还是您的超级粉丝呢！

腓：（不解）拿破仑，谁是拿破仑？

越：呃，一个法国人，您不认识他，他认识您。——（转移话题）对了，我发现普鲁士现在到处都在种土豆，怎么回事？

腓：哈哈，说到种土豆这事儿，还挺有意思的。

越：怎么了？

腓：当年普鲁士发生灾荒，收成很惨，我听说土豆产量高，好养活，就想让大家种土豆。可老百姓觉得土豆长在地下，不干净，说什么也不肯种、不肯吃。

越：那怎么办？

腓：想办法啊。我让人在郊外种了一片土豆，派重兵把守，还放出风声，说这里

名人来了

的东西是专供皇家的。结果你猜怎么着？到了晚上，好多人跑去偷。

越：结果被抓了？

腓：怎么会？我让士兵们假装没看见，让他们尽情地偷，使劲地偷。老百姓偷回去一吃，哎，味道不错，就慢慢地接受啦！

越：啊，高招啊！把大家都"骗"了！

腓：没办法，有些人不开窍，就是得骗！

越：所以，您连伏尔泰这种大师都"骗"！用了人家三年，又让人家走了。

腓：（笑）橘子汁都榨干了，还留着橘子皮干吗？

越：（无语）……

腓：只要能从别的人或别的国家为自己或自己的国家捞到好处，不要说骗了，用偷、用抢都可以。

越：咦，这不是马基雅弗利《君主论》中的理论吗？您以前并不喜欢他的理论啊，还写了一本书，叫《反马基雅弗利论》。

腓：人都是会改变的嘛，我以前还不喜欢喊打喊杀的呢！后来呢？

越：后来连你表妹的地盘都抢。

腓：话不能这么说，谁规定了那个地盘就是她的？只要我高兴，我就可以拿过来。

越：杀气好重啊！怕怕——那您现在还想抢谁的地盘吗？

腓：哎，现在年纪大了，连只鸡都不想杀，只想每日在我这无忧宫里无忧无虑、快快乐乐地遛狗、画画、听音乐了。

越：您现在真的快乐吗？

腓：你看呢？我没有儿女，也没有朋友。如果有一天我走了，我希望和我的爱犬埋葬在一起。这就是目前我想到的最快乐的事。

越：您身体这么硬朗，一定会长命百岁的。

腓：噢，那活得太长了，我可不希望这么长寿。

越：……

广告贴吧

咖啡与啤酒宣言

我们的祖先和我们都是喝啤酒长大的,啤酒滋养了我国千万官兵,让我们打赢了无数战役,立下了数不清的功劳。可是近来,士兵们爱上了咖啡,导致我国大量钱财外流不说,他日战争号角响起,你们如何有力气在战场上打仗杀敌?所以,请大家不要再喝咖啡了,只有啤酒才是我们真正的朋友。

腓特烈大帝

强迫教育规定

为了推广教育,提高国民素质,现规定,所有未成年人,不分男女老少,都必须接受教育,受教育和服兵役一样,都是公民对国家应尽的义务。若不遵守这项规定,任何人缺课、漏课,其家长将得到相应的处罚。

腓特烈·威廉一世

赠送琥珀屋

传说,琥珀是美人鱼的眼泪,比金银还要贵重。我们先王造了一间6吨多重的房子,面积约55平方米,全都由琥珀制成,同时还有钻石、宝石和祖母绿装饰,光彩夺目、富丽堂皇。为表达我们与俄罗斯帝国结盟的诚意,现将这座尊贵的礼物献给彼得大帝,以此作为两国结盟的信物。

腓特烈·威廉一世

欢迎购买《鲁滨孙漂流记》

著名作家卢梭强力推荐
儿童教育的最佳教材

假如把你一个人放在无人荒岛,你会怎样?想知道这个叫鲁滨孙的人是如何一次又一次地化险为夷的吗?那就请快快购买英国作家丹尼尔·笛福的长篇小说《鲁滨孙漂流记》吧!

书香飘飘书店

第8期

〖公元1762年—1797年〗

一个让俄罗斯帝国崛起的德国女人

穿越必读

一个毫不起眼的德国公主,两手空空地嫁到俄罗斯帝国。在经历失败的婚姻后,她小心谨慎,步步为营,使俄罗斯帝国一跃成为欧洲第一大国。这个为俄罗斯帝国创下不朽功业的女人,就是俄罗斯历史上唯一有"大帝"之称的女皇——叶卡捷琳娜二世。

顺风快讯

皇后夺位，处死沙皇
——来自俄罗斯帝国的加密快讯

来自俄罗斯帝国的加密快讯

（本报讯）1762年6月，俄罗斯帝国（下称俄国）传出一个令人震惊的消息——沙皇彼得三世登基才半年，就被人从沙皇的宝座上一脚踢开。而踢开他的人，正是他的皇后叶卡捷琳娜（史称叶卡捷琳娜二世）！

据说政变当天，彼得三世一点都没有察觉，还在外面优哉游哉地避暑。当他听说皇后取代自己当上沙皇的时候，居然还一脸天真地问，能不能两个人一起当沙皇。

消息传来，整个欧洲一片哗然。很多人都说，这个蠢货！早就该下台了，要不是他"追星"拖累了整个欧洲，腓特烈大帝早就自杀了。

女皇也借这个机会，把彼得三世的叛国罪行一一细数了一遍，称自己发动政变，实在是不得已而为之，这也是俄国人民的选择。

几天后，彼得三世就被关进大牢，秘密地处死了。

一个德国"灰姑娘"的逆袭史

1743年2月,俄国宫廷迎来了一个13岁的德国女孩。这个女孩叫索菲娅,是德国一个小公国的公主,和她一起来的,只有她的母亲。她为什么要离开故乡,千里迢迢地来到这陌生的国度呢?

原来,彼得大帝死后,俄国在37年间换了七个沙皇,直到彼得大帝的小女儿伊丽莎白登基,才勉强稳定了下来。

可惜女王一生未婚,膝下无子,年纪大了,只好把德国的外甥彼得(即彼得三世)找来,做她的王位继承人,然后又贴心地给他在德国找了个未婚妻,也就是索菲娅。

索菲娅从小见多识广,长得也娇小可爱,女王见了十分满意。可彼得三世却跟索菲娅说,他的心上另有他人。

索菲娅听了很惊讶,但既然走了这么远的路来到这里,总不能半途而废吧。比起得到彼得的心,更重要的是如何在俄国站稳脚跟。

于是,她请求女王给她找来俄国最好的老师,开始学习俄语和宫廷礼仪。小女孩学习非常用功,常常一学就到半夜,有一次着凉得了肺炎,差点一命呜呼,很多人都被她感动了。

"功夫不负有心人",没多久,索菲娅就能用俄语对答如流,行为举止也颇有皇家风范。女王非常满意,第二年,就为她和彼得举行了一场盛大的婚礼,并给她取了个俄国名字——叶卡捷

绝密档案

琳娜。从此,俄国上上下下都把她当作俄国人看待。

但彼得对叶卡捷琳娜还是非常冷淡,每天除了享受,就是像个小孩一样玩游戏。叶卡捷琳娜每天无事可做,只好靠看书打发时间。她阅读了大量的德国史、哲学史,甚至还读懂了很多人看不懂的《论法的精神》。闲暇之余,她还经常和宫中的贵夫人、仆人聊天,了解了很多俄国的情况。

与叶卡捷琳娜相比,彼得却越发荒唐。女王去世的时候,他不但不穿丧服,还每天花天酒地,举办舞会。只有叶卡捷琳娜一袭黑衣,默默地为女王祈祷、哭泣。这样,俄国人对彼得越来越不满,对叶卡捷琳娜却越来越欣赏了。

彼得登基后,对叶卡捷琳娜越发厌烦,甚至在宴会上,当众侮辱她,还要把她抓起来扔进监狱。叶卡捷琳娜觉得再这样下去,她这个皇后迟早会被彼得废掉,决心先下手为强。

恰好这时,彼得三世因为支持腓特烈大帝,激怒了朝野上下,被大家骂作卖国贼。叶卡捷琳娜就抓住这个机会,联合朝中的亲信大臣,逮捕了彼得三世,废黜了他,自己当上了俄罗斯帝国的第八位皇帝。

唉,丈夫不争气,儿子又还小,还是自己来当皇帝好了。

她震惊了整个欧洲

叶卡捷琳娜登基的时候，俄国穷得叮当响，军队已经好几个月没有发薪水了。为了改变这一状况，女皇以彼得大帝为榜样，实行了一系列的改革（史称开明专制）。

先是从普鲁士撤回了俄国的军队，停止战争。接着又大力发展经济，鼓励大家兴办手工工场，和外国人做生意。

以前，议会每年都要拨出一笔钱，供沙皇专用。女皇却说，只有国家富强了，她才有资格用这笔钱，带头节约开支。

后来她又效仿西欧，提出法律面前人人平等，得到了狄德罗、伏尔泰等大师的大力支持和称赞。

当她知道，狄德罗为了给女儿置办嫁妆，想把自己的藏书卖掉时，她让人买下这批书，聘请狄德罗继续进行管理，还一次性支付了50年的薪水。

女皇的这个举动，震惊了整个欧洲。从那以后，数学家、科学家、建筑师……数不清的人才来到圣彼得堡，为俄国效力。

女皇办了很多医院、学校、美术馆，鼓励大家学习西欧的文化与科技。而女皇自己，不仅会翻译，会演戏，还经常以作家的身份，在刊物上和文人们打笔仗。一时间，圣彼得堡热闹非凡，俨然成了第二个巴黎。

在这之前，俄国人能识字的不多，能上大学的更少。而现在，整个俄国都呈现出一派欣欣向荣的景象呢！

波兰被三国瓜分了

1763年10月,波兰国王驾崩了。消息一传开,波兰的邻居俄国、普鲁士、奥地利等国家就忙活开了。

咦,波兰的国王去世,他们忙活什么呢?

原来,波兰有个奇葩的制度,就是外国人也可以当国王。在短短200年间,波兰的11位国王中就有7个是外国人。要是哪个外国人当上了波兰国王,就相当于控制了波兰。为了让自己人当选,各国使出浑身解数,去竞选国王。

叶卡捷琳娜野心勃勃,当然不会放过这个机会。到了竞选当天,她派出一支1000多人的军队进入华沙,声称要是她的人没有当选,谁也别想离开议会。眼看叶卡捷琳娜这么不讲理,若不听她的,肯定挨揍。议员们只好乖乖地答应了。

女皇的人当上国王,跟沙皇直接兼并波兰,并没有什么不同。但女皇还是不满足,1772年她又派出大批军队,企图吞并整个波兰,结果,遭到普鲁士、奥地利和土耳其的一致反对。

女皇是个聪明人,她可不想为了这一块地,结这么多仇家,于是转身向奥地利、普鲁士两国示好,要和他们一起瓜分波兰。

偏偏这时候,波兰又不幸发生了瘟疫。俄普奥三国就以保护波兰为由,将军队开进了波兰。一番讨价还价后,三国就波兰约四分之一的土地,达成了瓜分协议。

世界风云

  可是，协议达成了，波兰不同意也不行啊。而波兰议会还有个特别的规定，所有的国家大事都由贵族们投票决定，只要有一个人不同意，这事儿就办不成。

  为了得到议员们的同意，三国代表带着大批人马，气势汹汹地拥入议会，向议员们施压。他们恶狠狠地宣布，谁要是反对瓜分计划，谁就是三国的共同敌人。到那时，瓜分的就不是四分之一的波兰，而是整个波兰。

  尽管如此，有些议员骨头硬，还是不愿意投票。会议连开了两天都没有结果，三国代表只好逼着国王在协议上签了字。

  就这样，波兰就像一块肥肉一般，被三国瓜分了。——据说，在瓜分到波兰的时候，叶卡捷琳娜哭了。然而，可笑的是，她取得的土地也是最多的。

  （注：之后，波兰又先后在1793年和1795年遭到瓜分。就这样，一个曾经相当强大的国家，短短20年，就在地图上消失了。）

"画"一样的村庄

1787年，58岁的女皇志得意满，决定去南边走走。第一站是女皇陛下的头号宠臣——波将金亲王的领地。

整支队伍，除了众多的贵族、大臣、随行仆人外，女皇还邀请了一大批外国使臣，浩浩荡荡有3000人。

这样一来，可把波将金忙坏了。因为即使在宫外，这些人的生活水准也不能下降啊，不仅要安排好这些人的吃喝拉撒睡，就连路上听什么音乐，也要操心。

女皇乘坐的车由14节车厢组成，配了124架雪橇和40架备用雪橇。其中，女皇乘坐的雪橇是最大的，由30匹马拉着。女皇的车厢有4个房间，一间办公室，一间起居室，一个游戏室，还有一个图书室，坐在里面，就像坐在一个小型的宫殿中一般。

放眼望去，第聂伯河的两岸彩旗飘飘，鼓乐喧天，一个个村庄如诗如画，牛羊成群，人们穿着节日的盛装，迎接女皇的驾临。女皇的心情十分愉悦。随行的外国人看了，也是赞不绝口。

不过，记者仔细观察后发现，为什么有些人一而再再而三地出现？为什么同样的一块挂毯，这个村也有，那个村也有呢？

经过一番打探，记者发现了一个惊人的秘密——

原来，那些美丽的村庄，全都是波将金为了讨好女皇，临时

世界风云

找人画出来的！那些看起来光鲜亮丽的农舍，其实都是一些画布！粮仓里的粮袋，其实装的全都是"沙子"！

而那些唱歌的姑娘，跳舞的小伙子，操练的士兵，表演骑术的哥萨克人，全都是波将金找来的"演员"。等女皇的车队一过，他们就收拾道具，赶着牛羊，急急忙忙赶到下一个"舞台"，继续同样的"演出"，就连牛羊也是其中的演员。远远望去，"风吹草低见牛羊"，还真以为这些村庄有多富足呢！

只是，这些画出来的村庄，连记者这样眼力不太好的人都能看出来，更何况精明能干的女皇呢？就算个个画得栩栩如生，这样大规模的造假，所有人都知道，女皇能不知道吗？还是女皇明明知道，却根本不想戳穿呢？

真正的答案，估计只有女皇自己知道了。

赶紧的，快去赶下一场演出！

彼得三世没有死吗

编辑老师：

您好。我是俄国的一名农奴。现在很多人都说叶卡捷琳娜是个好女皇，这个我很不理解。难道大家没看到，我们广大农奴还是每天在地主的压迫下，痛苦地生活着吗？

为了拉拢人心，女皇不仅把大量土地和农奴赏给她的宠臣，还规定农奴是地主的私有财产，可以随意买卖。农奴过得再苦再累，未经主人许可，也不得向她告状，实在是坏透了！

最近我听到一个消息，前任沙皇彼得三世并没有死，和哥萨克人生活在一起。他组织了一批军队，把女皇的军队打得落花流水。这事是真的吗？如果是真的，我要叫上我的兄弟们，一起投奔他去！

一位农奴大叔

大叔：

您好。我很同情你们的遭遇，但据我了解，您说的彼得三世并不是真的沙皇，而是一个叫普加乔夫的哥萨克人。这人因为很有才能，又长得很像沙皇，就冒充彼得，发动了农民起义。这在俄国历史上是前所未有的事情。

据说，普加乔夫每次战争都身先士卒，确实是个勇士。可惜，他面对的敌人是铁血女皇叶卡捷琳娜二世。女皇对他恨之入骨，悬赏三万卢布要他的人头。前不久，普加乔夫已经被叛徒出卖，被女皇处死了。起义军现在群龙无首，您现在过去，无疑是送死，还是放弃这个念头吧！

编辑 穿穿

自由广场

欧洲最耀眼的明星

俄国某小兵

号外号外！我们打败了我们的头号敌人土耳其啦！要知道当年彼得大帝那么厉害的人物，都没拿下黑海的出海口。如今，这个梦想被女皇实现了，她可真是了不起啊！

这个女人不得了，两手空空地来到俄国，却把俄国的版图扩大了整整三分之一！现在的俄国，无论是疆土、人口，还是国库收入，都是欧洲名副其实的第一大国！

英国某贵族

莫斯科郊外某平民

事实证明，女皇比当年的彼得大帝还要厉害。现在整个俄国空前团结，尽管我们现在还不怎么富裕，但是上至军官，下至百姓，对女皇都是心服口服的。

现在再也没有人敢嘲笑俄国是土包子了，无论我们走到哪里，都会得到非常礼貌的招待。就连普、奥两国不和，也找女皇做调解人。怪不得伏尔泰说她是"欧洲上空最耀眼的明星"呢！

俄国某商人

名人来了

特约嘉宾
叶卡捷琳娜二世
（简称"叶"）

越越
（简称"越"）

嘉宾简介：俄罗斯帝国的第八位皇帝，既是俄罗斯帝国唯一的一位女性"大帝"，也是欧洲历史上身世最为传奇、功业最伟大的一位女皇。她的出现，给俄罗斯帝国带来了强大与光明。

越：参见女皇陛下！

叶：（俄语）小记者远道而来，辛苦了吧？

越：能见到陛下，再辛苦也不算什么。

叶：这马屁拍得……嗯，我喜欢。

越：陛下，我说的是真心话呢！而且您的俄语说得可真好，完全听不出您是个德国人。

叶：我十几岁就嫁到俄罗斯，不会说俄语怎么行！

越：听说您当时的远嫁得到了腓特烈大帝的支持？

叶：没错，我的父亲曾经是腓特烈大帝的一名手下，是大帝找人给我画了一幅画，送给伊丽莎白女王，我才有幸进入候选名单。

越：噢，原来您和腓特烈大帝有这么深的渊源。

叶：其实也就见过一面，之后就再无交集，只是通通信罢了。

越：大家都说彼得三世叛国，照您和腓特烈的关系，陛下您也很有嫌疑啊！

叶：（生气）胡说！那时是彼得主持国家大事，哪有我说话的份儿！

越：您别生气。我只是觉得彼得三世身为一国之主，居然会叛国，太不可思议了。

叶：那人行事很"二"，一般人看不懂的。

越：冒昧问一句，他真的死了吗？

叶：当然，难道还有假不成？

越：但为什么还有人希望他活着？还整出个什么普加乔夫。

叶：说起这个我就痛心啊。我呕心沥血这么多年，为的就是让俄国变得更强、更大，到头来，却不如那个不争气的彼得？！

越：您别生气，也许，您该想办法改善一下农奴的生活了。

113

名人来了

叶：一帮蠢货！改善什么？绝对不能让他们过得太舒服、太自由！他们只有当奴隶和牲口的时候，感觉最好！

越：大帝……

叶：别叫我什么大帝，我只是叶卡捷琳娜二世！

越：其实仔细看，您跟腓特烈大帝一样，很有哲学家气质。

叶：（转怒为喜）是吗？你这么说我很高兴。我是伏尔泰、狄德罗的粉丝。在我最无助的时候，是他们的文字激励了我。

越：那您和伏尔泰见过面吗？

叶：没有。城堡远远地看着，就可以了，没必要走进去。

越：陛下说得好有哲理。那现在法国、美国在启蒙运动的影响下，都发生了大革命，俄国是不是也需要有一场这样的革命呢？

叶：（摇摇头）哦，不需要。我很喜欢西方的文学、音乐和绘画，但像法国那样的改革，还是算了吧！俄国和其他国家不一样，太大太辽阔，只能实行君主专制，其他的制度都行不通。

越：您之前不是提倡开明专制吗？

叶：现在有点后悔啊！要是像现在这样，把精力全部花在战争上，让我活到两百岁，我能让整个欧洲葡萄在我的脚下！

越：哇！

叶：你知道我的孙子叫什么名字吗？

越：什么名字？

叶：亚历山大！我希望他像古希腊的亚历山大大帝一样，建立一个横跨欧亚的大帝国——大俄罗斯帝国。

越：哇！要是您真的能活到两百岁就好了！那样我就能看到您大战拿破仑了！

叶：拿破仑是谁？

越：啊……今天的采访就到这儿吧，陛下再见！

广告贴吧

波兰永不灭亡（节选）

波兰没有灭亡，
只要我们活着，
波兰就不会灭亡！

（注：后来这首歌被作为波兰国歌。）

禁止发表反动言论

最近有个叫拉吉舍夫的人，仗着会写几个字，居然在书中说沙皇是恶魔，还唆使大家联合起来，把沙皇杀死，实在是比普加乔夫还要坏上百倍！

本来想把他杀了，现决定判他10年徒刑，流放到西伯利亚。希望广大文学爱好者引以为戒，再也不要发表这些大逆不道的言论了！否则他就是你们的榜样！

叶卡捷琳娜二世

请放心地接种吧

近来俄国天花肆虐，死了很多人。虽然英国人詹纳已经发明一种疫苗，可以预防天花，却还是有很多人不敢用。

但现在大家不用担心了，我们的女皇已经用自己的身体试验，成功地证明，这种疫苗对大家一点伤害也没有。连女皇都不怕，我们有什么可怕的呢？请大家快速到各处防疫站接种，尽快把天花消灭掉吧！

俄罗斯帝国接种中心

第 9 期

〖公元 1773 年—1797 年〗

美国诞生记

穿越必读

自从哥伦布发现美洲新大陆后,这块原本平静的大陆就变得闹哄哄起来。大量欧洲人蜂拥而至,尤其是英国人,一口气在北美建立了13 个殖民地,整天变着花样压榨北美人民。哪里有压迫,哪里就有反抗,眼看着,一场追求自由和平等的战争就要爆发了!

波士顿的茶叶打了水漂
——来自波士顿的快讯

（本报讯）1773年12月16日夜晚，波士顿海港上一片混乱。原来，这里发生了一件令人十分震惊的事：三条满载茶叶的英国商船刚刚靠港，正准备卸下船上的货物，突然，一群野蛮的"印第安人"敏捷地冲上船，将茶叶一股脑地倒进海港里。

事情发生得太突然了，英国人根本来不及做出反应。过了好半天，才有人回过神来，愤怒地谴责道："强盗，这简直就是强盗行径！"

还有人气急败坏地说："什么印第安人，我看根本是'通讯委员会'的人假扮的！"

原来，"通讯委员会"是北美著名的反英组织，自从成立以来，没少跟英国人作对。这一次，为了抗议英国人对茶叶的垄断，"通讯委员会"的人干脆假扮成印第安人，冲上英国商船，将船上的茶叶全都倒进海里。

这可是价值10万英镑的货物啊，一转眼全打了水漂，英国人的心都在滴血。

对此，英国官方发出郑重声明："我们绝不会善罢甘休！"

这次"波士顿倾茶事件"，使英国政府与北美人民之间的关系变得岌岌可危，人们似乎已经闻到了硝烟的味道。

来自波士顿的快讯

列克星顿上空的枪声

1774年4月19日清晨，天刚蒙蒙亮，列克星顿村还笼罩在一片薄雾中，突然，一阵尖锐的枪声传来，接着，整个村庄变得闹哄哄起来——英军进村了！

原来，英军听说康科德镇上有一个"通讯委员会"的秘密军火库，想去搜查，没想到刚走到列克星顿村，就被村里的民兵发现了。

一场英军与列克星顿民兵之间的激烈战斗开始了！

英军统帅是一个叫史密斯的少校，他一点儿也没将这些民兵看在眼里。

这也难怪，英军有八百训练有素、武装齐备的士兵，而民兵人数比他们少，武器也是破破烂烂的，怎么能跟正规军对抗？

很快，民兵意识到自己跟英军的差距，迅速撤退，消失在低矮的篱笆和围墙后面。

史密斯打了个胜仗，有些得意扬扬，领着士兵继续向康科德镇前进。康科德镇与列克星顿村相距大约只有6英里，很快，英军便一股脑地涌进小镇。

世界风云

"给我搜！"史密斯一声令下，士兵们立刻冲进街道两旁的房子里，挨家挨户地搜查起来。

可惜，什么也没搜到。

突然，史密斯发觉有些不对劲：天已经大亮了，为什么街道上却一个人影都没有？

不好，中了埋伏！史密斯急忙下令撤退，可来不及了，只听一阵噼里啪啦的枪响，四周突然涌出无数民兵，迅速将英军包围了。

顿时，小镇上杀声震天，英军被打了个措手不及，东逃西窜。后来一个士兵回忆说，他的帽子被打掉了三次，上衣被子弹穿透两个洞，刺刀也被人打掉了。

战斗持续了整整一天，英军的子弹打光了，人马也损失惨重。黄昏的时候，史密斯少校抱着一杆空枪，绝望地躲在一堵墙壁后面，之前的骄傲一扫而光。

幸好这时，一队英国援军及时赶到，将史密斯和剩下的士兵救了出去。回去后一清点人数，死了200多，剩下的也有不少负了伤。

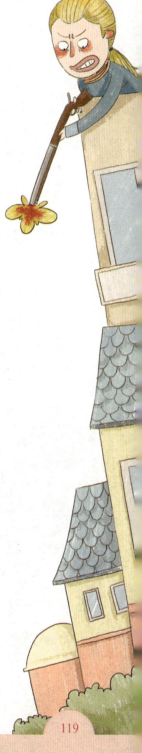

世界风云

轰轰烈烈的北美独立战争

这些年，北美人民真是受够了英国人的剥削和压迫，在列克星顿打响第一枪后，轰轰烈烈的北美独立战争也全面展开了！

早在"波士顿倾茶事件"发生时，北美13个英属殖民地的代表就召开了第一届大陆会议，共同商讨如何对付英国殖民者。1775年，第二届大陆会议在费城召开。为了更加有效地抵抗英军，会议决定将民兵整编成大陆军，由来自弗吉尼亚州的代表——华盛顿担任大陆军总司令。

会议结束后，华盛顿立刻亲自带领大陆军，和英军展开了激烈的战斗。

北美人民虽然有战斗的热情，以及追求自由、平等的崇高理想，可军事力量还是太弱了。看对手英军，训练有素，装备精良，

人手一把上了刺刀的长枪；大陆军呢，大多是些老实巴交的农民，也没什么像样的武器。有的抡着木棒，有的扛着耙子，这哪像打仗的样子啊，种地还差不多。更可怕的是，大陆军没有钱，饭都吃不饱，一上阵，肚子饿得咕咕叫，哪还有力气打仗呀。

因此在战争初期，大陆军被打得落花流水，只有撤退的份儿，最后连首都费城都被英军占领了。

华盛顿心急如焚，一面加紧训练军队，一面告诫士兵：是做自由人，还是做奴隶？是夺回本该属于我们的田产，还是任英国人糟践我们的土地？是勇敢地反抗，还是像小狗一样驯服？如今这两条路正摆在我们眼前！

1776年7月4日，北美人民发表了《独立宣言》，宣告从今以后，北美13个英属殖民地将彻底脱离英国的统治，北美人民将彻底成为自由人！这标志着，一个新的国家——美利坚合众国成立了！

与英军对阵的同时，美国还派出使者向欧洲国家求援。《独立宣言》的起草者之一——富兰克林捧着美国国书，来到巴黎求见法国国王，只可惜根本没人睬他，也没人相信美国人能打败英国人。富兰克林只好自己掏钱找个旅馆住下来，耐心地等待着。

世界风云

终于，1777年10月，萨拉托加传来捷报，美军在萨拉托加大败英军，从而扭转了整个战局。消息传到欧洲后，欧洲人震惊了，他们总算真正见识了美国人的勇气与坚持。法国国王路易十六立刻亲切地接见了富兰克林，并答应援助美国。

接下来的事情就容易多了：美国人缺钱，法国人就为他们提供军饷；美国人缺武器，法国人就为他们提供装备；美国人不会打仗，法国人就派出教官，帮他们训练军队；美国人只有陆军，没有海军，法国人就派出自己的海军，替他们拦截英国海军。

在法国的帮助下，美军越战越勇，英军则节节败退。终于，1781年9月，美法联军将英军主力团团包围在约克镇。英军见大势已去，只好垂头丧气地向联军投了降。这场轰轰烈烈的美国独立战争，最终以美国大获全胜而告终，英国再也不敢骄傲地称自己是"日不落帝国"了。

奇幻漂流

为什么北美人要反抗英国人

编辑老师：

你们好！我是一名普通的英国人，对于这场美国独立战争，我有一个疑问想向你们求教。众所周知，美洲的原住民是印第安人，就是那些黄皮肤，脸上刺着奇奇怪怪的花纹，拿着弓箭在丛林里追赶野兽的野蛮人。美洲的白人都是后来从欧洲移民过去的，像华盛顿、富兰克林等人，他们的祖先都是欧洲人。

这样我就不明白了，既然大家都是欧洲人，那么北美人民为什么还要反抗英国人，甚至非将英国人赶出美洲不可呢？

吉姆·格林

格林先生：

你好。你说的没错，很多北美居民都是从欧洲移民过去的，但是，这并不代表，北美人民就必须接受英国人的奴役和统治。就像《独立宣言》中说的那样，北美人生来都是平等的，每个人都有追求自由的权利，所以，北美人民也有追求自由的权利。

如今，美国已经脱离英国的统治，成为一个自由、平等的国家。我们相信，美国人在自己人的统治下，会比在英国人的统治下幸福很多。这个朝气蓬勃、崇尚自由的新国家，也将一步步变得富有和强大。

编辑 穿穿

自由广场

这日子，战争英雄也过不下去了

美国工人
丹尼

你们知道吗？有个叫丹尼尔·谢伊斯的人发起叛乱了！这人原本是个军官，前些年还参加过独立战争。照理，应该会站在政府这边才对呀，怎么会跟政府作对呢？

为什么？日子过不下去了啊！当初为了筹备军饷，各州政府印了一大堆纸币，等战争一结束，纸币就贬值了。老百姓本来就没钱，这下就更穷了。为了表示抗议，很多人穿着纸币糊成的衣服游行，可政府却一心只想着把外债还了，压根不理会，还加倍征税，这不是存心不让人过日子吗？

美国商人
西斯顿

美国农民
汤姆

是啊，听说为了吃口饱饭，谢伊斯连别人送的宝剑都拿出去卖了。那可是他最心爱的物品。所以，他才起了这心思。很多人都拥护他，现在已经有一万多人了呢！

我们的政府，狡猾得很，你们没听说吗？政府一面准备围剿起义军；一面假装答应谢伊斯的要求。结果谢伊斯上了当，放松了警惕，现在已经被抓起来了！大家要是为他好，赶紧想办法把他救出来吧！

美国小兵
里本

（注：谢伊斯被判死刑后，遭到全国人民的抗议，政府只好把谢伊斯放了。）

智慧森林

避雷针，
一项伟大而实用的新发明

　　走在美国的街道上，你会发现，很多高大的建筑上都竖着一根又细又长的铁杆。咦，这是什么东西，难道是为了防止英国人再次侵袭而设置的警报器吗？

　　当然不是。如果你仔细观察，就会发现铁杆上系了一根长长的导线，一直通向地底。原来，这不是什么警报器，而是一项最新发明——避雷针。有了它，人们就再也不用担心雷电的侵袭了，因为避雷针上的那根导线，能安全地将雷电导入大地，一点也不会使房屋遭到破坏。

　　这真是一项伟大而实用的发明，那么，它的发明者是谁呢？这个名字大家一定不陌生，他就是《独立宣言》的起草人之一，在独立战争期间曾为美国争取到强大的法国军事支援的人——富兰克林。

　　原来，富兰克林不仅是一个伟大的政治家，还是一位了不起的科学家呢！

　　为此我们专门采访了富兰克林先生，说起避雷针的发明，他给我们讲了这样一个故事。

　　一次，富兰克林的妻子一不小心，打翻了一个莱顿瓶——就是那种专门用来储静电的玻璃瓶。瓶子掉到地上，摔得粉碎，同时一道雪亮的"闪电"从瓶中窜出来钻入地下。一旁的富兰克

智慧森林

林见了，心中一跳，想：奇怪，这"闪电"看上去怎么和天上的雷电一模一样？难道说，它和雷电其实是同一种东西吗？

可是，自古以来人们就认为，雷电是"上帝之火"，是不可亵渎的，怎么可能是普通的电呢？

带着这样的疑问，富兰克林开始了艰苦的实验和探索。

在一个雷雨交加的夏天，富兰克林和儿子威廉抱着一个大风筝，来到一片空地上。富兰克林在风筝线的末端系了一把铜钥匙，接着把风筝放上了天。

这是一场非常危险的实验，一不小心，就会被雷电击中，可是为了探究雷电的奥秘，富兰克林顾不上这么多了。只见风筝越飞越高，越飞越远，突然，一道雪亮的闪电从风筝上掠过，风筝线立刻变直了。富兰克林紧张地伸出手，摸了摸那把铜钥匙，一阵触电的感觉从手上传来。

"威廉！威廉！"富兰克林高兴得大叫，"原来雷电真的是一种电！"

就这样，富兰克林揭开了雷电的奥秘，并发明了用来对付雷电的东西——避雷针。

娱乐八卦

小华盛顿砍树的故事

将英国人从美国赶出去，谁的功劳最大？当然是大陆军总司令华盛顿。如今，街头巷尾到处流传着华盛顿的各种传说，其中，有个关于小华盛顿砍树的故事被人们津津乐道，故事是这样的：

小时候，华盛顿是个十分顽皮的男孩子。有一次，父亲送了他一把闪闪发亮的小斧子，小华盛顿高兴坏了，心想：这么漂亮的小斧子，不知道锋不锋利。

小华盛顿扛着小斧子，来到了院子里。刚好院子里有一棵小樱桃树，小华盛顿就举起小斧子，咔嚓一声，将樱桃树砍倒了。

"果然很锋利。"小华盛顿高兴地想。

傍晚，父亲回来，一进院子，就看到樱桃树倒在地上，枝叶落了一地，顿时怒火中烧。要知道，那可是他最心爱的一棵树啊。

"是谁干的？"父亲怒气冲冲地问。

小华盛顿吓坏了，战战兢兢地走过去，说："是——是我干的，爸爸，我想试试小斧头到底锋不锋利……"

令人惊讶的是，父亲不但没有责怪小华盛顿，还一下把他抱起来，温和地说："好孩子，爸爸很高兴你没有说谎，你的诚实比1000棵樱桃树还要珍贵。"

名人来了

特约嘉宾
华盛顿
（简称"华"）

越越
（简称"越"）

嘉宾简介：美国第一任总统。他是战争时期最著名的将军，和平时期最杰出的领导，美国人心中最伟大的人物。是他，领导美国人民缔造了一个崭新的国家——美国。美国人热爱他，拥护他，遵守他最初制定的原则和政策，并亲切地尊他为"国父"。

越：尊敬的华盛顿先生，您好。

华：小记者你好，在美国还住得惯吧。

越：还好还好，只是吃饭不大方便，嘿嘿，用惯了筷子，不习惯用刀叉。华盛顿先生，听说您家里有很大一片庄园是吗？

华：是的，我父亲在弗吉尼亚有一个种植园，后来，我继承了一些他的田产，再加上自己做买卖赚了不少钱，又买了很多土地。

越：像您这样的大富翁，英国人应该想极力拉拢的吧，听说您还参加过英国的军队呢。

华：那是很久以前的事啦。当年英国和法国为了争夺北美，整天打来打去。英国人为了打败法国，的确想拉拢我们这些大种植园主，还许下诺言，说只要我们帮他们打败法国人，就将西部的20万英亩土地分给我们。我信以为真，就兴冲冲地参军了，后来还在战争中立下不少战功，一路升到上校。

越：这说明您有打仗天赋啊。再后来呢？

华：别说了，后来，法国人被打跑了，英国人却翻脸不认账，不但不肯把土地给我们，还歧视我们这些本土军官，把我从上校直接降到了少校。

越：真是过分啊。

华：是啊，真是太欺负人了。我实在气不过，就辞掉军职，回家继续当我的种植园主去了。

越：那后来又怎么跑去参加大陆会议了呢？

129

名人来了

华：因为我在老家当了15年议员，大家都还比较认可我吧，就选我当会议代表了。

越：听说您当时是唯一一个穿军装出席会议的人？

华：对，我有点经验，希望能带领民兵一起作战。

越：所以，大家选您做了大陆军总司令。

华：其实我不认为自己能胜任这个职位，但既然选了我，我一定会尽我最大的努力来做好这件事情。

越：您太谦虚了——我听说您当时连薪水都没要。

华：（摇头）我不需要。而且那时是战争最需要钱的时候，没必要花在我的头上。

越：（竖起大拇指）有钱就是觉悟高！有您这样的领导，怪不得能打赢英国人呢！

华：过奖过奖。把英国人赶走，是大家的功劳。所以，战后我又回到了庄园，继续过我平静的田园生活。

越：啊，这么快又归隐田园啦？国家才刚刚建立起来，人民还很需要您呢。

华：唉，大家都是这么说的，一个劲儿地请我出山。我没办法，只好又出来主持制宪会议，制定美国宪法，接着又担任了第一届总统。

越：听说在总统的选举中，您可是全票通过呢，真是太厉害了，请问您一共担任了几届美国总统呢？

华：我连任了两届，他们还想让我接着担任第三届，可我实在不想干了，就推辞了。

越：看得出，您是个对权力没什么欲望的人。像您这样的人，世上可真不多呢，请问您以后有什么打算呢？

华：还是在庄园里种种花、养养草，享受安宁的田园生活。

越：看来您是真的很喜欢这种生活。好啦，那就不打扰您了，华盛顿先生，祝您身体健康，快乐长寿，再见。

华：谢谢小记者，再见！

招聘铸造大师

为了纪念列克星顿村中与英军勇敢作战的民兵，我们决定在村里铸一座民兵铜像，特此招聘铸造大师一名。要求：必须是美国本土人；技艺高超；熟悉列克星顿民兵形象。

列克星顿村村民

哈佛学院更名公告

哈佛学院位于马萨诸塞州，最初叫"新市民学院"，后来由于一名叫约翰·哈佛的牧师向学校慷慨捐赠了700多英镑和400本书籍，便命名为"哈佛学院"。现将原名"哈佛学院"更名为"哈佛大学"，特此公告全国。

哈佛大学教务处

招聘牛仔

本公司现有大批牛群要从亚利桑那州运送到得克萨斯州，因此特向全国招聘牛仔10名，要求：机智勇敢，能吃苦耐劳，知道怎样管束和驯服牛群。一旦录用，报酬优厚，欢迎各位勇士前来应聘。

西部牛仔公司

智者为王 第③关

1. 欧洲的哪个国家第一个实行义务教育法？
2. 腓特烈二世建了个什么宫殿？
3. 七年战争中，是哪个国家退出战争，导致普鲁士获胜？
4. 腓特烈大帝邀请哪个启蒙运动人物去普鲁士？
5. 普鲁士的传统饮料是什么？
6. 叶卡捷琳娜二世和哪两个著名的启蒙思想家是好朋友？
7. 俄国第一次大规模的农民起义是谁领导的？
8. 波兰是被哪三个国家瓜分的？
9. 俄罗斯的头号敌人是哪个国家？
10. 谁说叶卡捷琳娜二世是"欧洲最耀眼的明星"？
11. 北美反英的第一枪是在哪里打响的？
12. 第二届大陆会议上选举谁为大陆总司令？
13. 美利坚合众国成立于哪一年？
14. 北美人民发表了什么宣言，宣告脱离英国的统治？
15. 富兰克林发明了什么来对付雷电？

智者无敌 王者为大

第10期

【公元1789年—1795年】

轰轰烈烈的法国大革命

穿越必读

美国独立战争不久，法国人也站起来，高喊着"民主、共和、人权"的口号，发动了一场有史以来规模最大的资产阶级革命。这场革命结束了法国一千多年的王权统治，震撼了整个欧洲。

顺风快讯

三级会议重新召开
——来自法国巴黎的特别快讯

（本报讯）1789年，法国再一次吸引了无数人的眼球。国王路易（史称路易十六）突然宣布，要召开一次三级会议。

> 来自法国巴黎的特别快讯

法国等级制度森严，除了国王外，第一等级是教士，第二等级是贵族，这两个等级的人口不多，却拥有全国三分之一的土地，还不用缴纳任何税费。其他的人，都属于第三等级，不管有没有钱，都是为国王和前两个等级服务的。

每当国家出现困难的时候，国王就会把这三个等级的代表召集到一起开个会，向他们征税。说白了，就是向第三等级要钱。

可这一次，国王的如意算盘落了空。

"凭什么只向我们征税？"

"穷人要交税，贵族却免税，这是什么道理！"

第三等级非但不答应，还提出，要像英国那样，制定宪法，限制国王的权利，把三级会议变成国家的最高立法机关。他们的要求，国王会答应吗？

爱开锁的国王和爱花钱的王后

我们知道，三级会议是从1302年开始的，可中间停开了一百多年，这次为什么又要重新召开呢？这事还得从国王路易（指路易十六）说起。

说起路易，很多人都说，如果他不当国王，一定是个优秀的学者。因为他从小就多才多艺，文学历史样样精通，不仅会拉丁语和英语，文笔也很出众。

不过，后来大家发现，他最有才的不是口才，也不是文才，更不是治国，而是开锁！

为了研究开锁，他在凡尔赛宫盖了个全法国最高级的五金作坊，收集各式各样的锁具，还满世界找锁匠，只要技术高超，立马用高工资挖到身边，当重臣养着。

据说有一次，为庆祝王子出生，有人给国王献上了一把特制的"大锁"。当大锁打开的时候，里面竟然走出一位可爱的"小王子"，让人惊叹不已。国王见了，立即重赏了那位献锁者。

还别说，凡是由他制作出来的锁都形态各异，堪称艺术品，见了的人都爱不释手。

国王这么沉迷制锁事业，国家大事就只好交给王后了。

可王后从小是个娇滴滴的公主，生性爱玩，爱漂亮，爱交朋友，就是不爱政治。她治理国家的方法就一个字——"买"！买时装，买钻石，买一切她看上的好东西，变着花样玩。

国王还给她打造了一个农庄，让贵族和他们的太太穿上农夫农妇的衣服，住在农庄里，一起享受田园生活。

绝密档案

别人劝她节约点，说穷人连又黑又脏的面包都没得吃呢。

她却说："那他们怎么不吃蛋糕呢？"

至于钱嘛，私房钱花没了，就冲国库要，折腾没多少年，法国王室就穷得叮当响，出现一大片的"赤字"，大家都叫她"赤字王后"。

就这样，两口子齐心协力把法国王室的家底败得精光，还欠了外国一屁股债。国王这才不得不重新召开三级会议，向大家寻求帮助。

只可惜这次，老百姓再也不买他的账了。

走，冲向巴士底狱！

1794年7月13日，巴黎传出一个消息：国王派兵封锁了议会会场，调集了军队，要对人们动手了！

消息传来，巴黎的街头立刻拉起了警报，工人、农民、手工业者纷纷拿起斧头、大刀、铁棍、长枪涌上街头。一场大革命就这样开始了！

人们先是冲向军火库，抢了几万支火枪，杀向巴黎的各个角落。到了第二天早上，整个巴黎几乎都被他们占领了，只有巴士底狱还在国王的军队手里。

不知是谁喊了一声："到巴士底狱去！"

"对，到巴士底狱去！"

巴士底狱原本是一座古老的军事城堡，后来变成了皇家监狱。谁要是敢反抗国王和贵族，就会被关进去。著名文学家伏尔泰就被关在这里好几个月。因此，法国人对它深恶痛绝。

人们戴上有红、白、蓝色帽徽的帽子，像洪水一样冲向巴士底狱。一开始，面对巴士底狱高高的城墙，他们不知如何是好。后来，他们找来两门威力巨大的火炮，对准了巴士底狱的大门。"轰隆轰隆"，几声巨响后，巴士底狱的围墙被轰塌了。守卫们只好扔下枪支，举起白旗投降。

胜利的人们把犯人从里面放出来（其实里面只关了七个犯人），杀死了看守的卫兵，还把他们的头颅挂在高高的长枪上，游街示众。

世界风云

据说，消息传到凡尔赛宫时，国王问："是不是有人造反了？"

卫兵回答："不，是革命！"

之后，法国通过了一部《人权宣言》，把这场革命的政治主张，以法律的形式固定下来，算是法国大革命的纲领性文件，什么天赋人权、人人平等，甚至保护私有财产统统都写进了里面。

紧接着，他们又制定了法国历史上第一部新宪法。宪法规定，国王依旧是国王，只是管的事没有以前那么多了。也就是说，路易十六依旧是国王。但实际上，真正的主人已经换成了大资本家。

（注：为了纪念这项伟大的功绩，法国把 7 月 14 日作为自己的国庆节。）

嘻哈乐园

奇幻漂流

醒醒吧，国王陛下

编辑老师：

　　你好。我是法国国王路易。为了保住头上的王冠，我咬着牙，批准了新宪法。

　　但法国的情况好转了吗？并没有！那些人口口声声说闹革命是为了法国，但实际上他们口中的革命是什么呢？是抢劫！是暴乱！他们抢走了我的财富，夺走了我的权力，像看狗一样看着我和我的家人，这种滋味，实在让人难以忍受。

　　我的王后劝我去她的祖国奥地利，请她的哥哥出兵相助，镇压革命。可是，人们把我看管得很紧，先前我已经逃跑了一次，没有成功，这次我该怎样才能逃出去呢？

法国国王 路易

国王陛下：

　　您好！请打消这个逃跑的念头吧！

　　到目前为止，大多数法国人还是把您当国王一样尊重，没有与您为敌。采用君主立宪，只是想用宪法约束您，监督您。只要您做个好国王，不捣乱，人们依然会对您忠心耿耿。

　　但是，如果您想离开法国，借用外国力量，镇压革命，那就表示，您将与您的国家、您的子民彻底决裂。到时，不但您的王位不保，您的脑袋恐怕也保不住了。

　　醒醒吧，陛下！君主专制的时代已经一去不复返了！

编辑 穿穿

又一个国王被砍了头

我们知道,路易的王后来自奥地利,是个娇滴滴的公主。奥地利的国王想把妹妹一家救出来,普鲁士国王担心普鲁士人也学法国人闹革命,也答应帮忙。

他们给法国下了一道通牒:"如果不听法国国王的,就把巴黎变成一片废墟!"

巴黎人民听了,很愤怒,说:"奥地利凭什么给我们下命令!凭什么要我们听国王的!"

一场大战就这么开始了!

可是战争一开始,法国就一连打了好几次败仗。原来,国王和王后把作战计划送给了敌方,前线的军官也压根不想打仗,有的甚至还叛变投敌了。

面对这种情况,很多人都主张放弃巴黎,迁都外逃。

这时,一个叫丹东的领导人站出来说:"放弃巴黎意味着投降!巴黎是一座普通的城市吗?她是我们法国的骄傲,是国家的化身!

"我们要战胜敌人,必须要勇敢,勇敢,再勇敢,这样,法国才能得救!"

丹东的话激励了所有的法国人。大家参军的参军,捐款的捐款,很快建立了一支军队。士兵们手里拿着红白蓝三色旗,唱着一支叫《马赛进行曲》(后来成为法国国歌)的军歌,在瓦尔密

世界风云

打了一场大胜仗，把普奥联军赶出了法国。

1792年9月22日，法国宣布废除君主制，成立共和国（史称法兰西第一共和国）。之后，法国人开始跟国王清算——一国之君居然找外人来打自己人，这不是通敌叛国吗？

"处死国王！"

"要革命，必须先革掉国王的命。"

"路易必须死，因为共和国必须生！"

原来想保住国王的人也无话可说了，只好眼睁睁地看着国王被送上了断头台。

说来搞笑，这个断头台还是路易本人参与设计的发明。

以前，砍头是由刽子手拿着斧头砍，如果没砍准，又要重新来一遍，很残忍。国王看了不忍心，让人设计了一个断头台，犯人只要把头往台上一放，不到一秒的时间，就会掉了脑袋。这种方法处决犯人，又快又准，一时风靡整个欧洲。

而现在，他本人也被送到这里，成为继英王查理一世之后，又一个被送上断头台的国王。

自由广场

革命就要结束了吗

巴黎商人布里奇

哦,现在国王死了,共和国也成立了,革命应该结束了吧?

不好说,英国、西班牙等国家组成了反法联盟,说我们处死了国王,大逆不道,要为国王打抱不平。那英国也是可笑,一百年前处死国王的,不正是他们吗?

巴黎某裁缝

巴黎某布料商

唉,现在国内外战事连连,国内的两派领导人却闹内讧,吉伦特派希望革命到此为止,雅各宾派却希望将革命进行得更彻底一些,革命想停也停不了啊!

吉伦特派都是些什么东西?!物价涨得这么厉害,我们要求平分土地、惩治商贩,他们不但不理,还大肆镇压。这样的人,有什么资格当我们的革命领导人?!

巴黎某农民

巴黎某工人

对,依我看,只有雅各宾派替我们说话,为我们着想。只有让他们上台,才能救法国!让革命的风暴来得更猛烈些吧!我们要自由,自由,自由!

自由自由,你们要借着它的名义,干多少坏事?!

吉伦特派成员罗兰夫人

(注:1793年4月,当权的吉伦特派被赶下台,雅各宾派掌握了大权。)

名人来了

特约嘉宾
罗伯斯庇尔
（简称"罗"）

越越
（简称"越"）

嘉宾简介：法国国民公会主席，雅各宾派的头号代表，也是法国大革命中的一面旗帜。在法国大革命中，是他，代表人民发出呼声，亲手把路易十六送上了断头台；也是他，把法国带入一段可怕的恐怖时期。

越：主席，现在法国怎么这么恐怖啊？

罗：什么恐怖？

越：刚刚我走过一条街，街上全都是血啊。这次死的人有点多啊！

罗：所以，我们专门建了一条下水道，把那些血排走。

越：啊，杀了这么多人？

罗：革命革命，不革掉他人的命，能叫"革命"吗？

越：这就是你的理想？

罗：我的理想是建立一个乌托邦式的国家，人人都过着自由自在、快快乐乐的生活。

越：那为什么要杀这么多人呢？

罗：因为他们还在为国王说话，为贵族说话。凡是这么做的，不管是男人、女人还是孩子，全都该死！

越：哦，这样不好吧？要是某人跟别人有仇，岂不是跟您告个黑状，就立马阴谋得逞了？

罗：如果是这样，那这人也只能自认倒霉！

越：噢，那这种罪名也设得太容易了，怪不得死那么多人。

罗：死得还不够，太慢！

越：断头台那么快，你还嫌它慢？

罗：太慢了，所以后面我让犯人们排成一行，用大炮直接扫射，或者干脆直接丢到大海里喂海龟去，哈哈！

越：（浑身哆嗦）啊，这太可怕了吧？比有国王的时候还可怕！

罗：要实现我们的理想，就必须扫清一切障碍，打掉一

名人来了

切旧制度、旧框架！比如那些旧的度量衡、月份、星期什么的，都得换！

越：怎么换？

罗：比如，以前一周是七天，现在改成十天，十天休一次假！

越：那今天是星期几？

罗：（摸摸头）哦，我想想……

越：唉，这样改有意义吗？

罗：当然有！新事物，才会带来新气象！

越：这么改，和您一起当主席的两个朋友也同意吗？

罗：他们？他们都去见上帝了。

越：不是都被您杀的吧？

罗：胡说八道。有一个是被一个女刺客杀的。不是我。

越：女刺客？是专业杀手吗？

罗：那倒不是，是个很普通的女孩，所以我的朋友马拉才没有防范，被她杀死在浴缸里。

越：哦，连手无缚鸡之力的女孩都来刺杀你们，你们不应该反思一下吗？

罗：反思什么？我还要感谢她，帮我除掉了一个对手，哈哈！现在整个法国，我一个人说了算！

越：唉，看来权力确实能改变一个人。

罗：什么意思？

越：我听说以前您当律师的时候，心地特别好，听见有人判了死刑，整晚都睡不着觉，现在却杀人不眨眼！

罗：要是任由他人作乱，死的会是我！

越：也许是。但没有人会喜欢一个残忍、没有人性的暴君，如果您还这样的话，小心大家革命革到您的头上来！

罗：我不怕！为革命牺牲，死得光荣，我罗伯斯庇尔天生就是一个斗士，尽管放马过来吧！

（1794年，罗伯斯庇尔也被送上了断头台，史称热月政变。）

广告贴吧

招御用裁缝

我们尊贵的王后是巴黎时尚潮流的领头人，平均每年要制作150件长裙，每个季节都要推出一款新装。

因王宫人手不足，需招聘若干御用裁缝，若您有巧夺天工的技艺，非凡的设计才能，欢迎您来到时尚之都——巴黎，为我们的王后服务。

王室服装管理处

三色旗为法国国旗

蓝、白、红三色旗上的三种颜色代表着我们法国的国家格言——自由、平等、博爱，是我们法国人争取平等与自由的象征。现决定，将三色旗正式作为法兰西第一共和国国旗。

法兰西第一共和国国民公会

献给人民之友——马拉

和各位一样，对于马拉的死，本人也心痛不已。今受国民大会的委托，完成《马拉之死》这幅画作。我要让敌人看到这幅画时浑身发抖，为他们犯下的罪行忏悔。谨以此画献给"人民之友"——马拉。

雅克·路易·大卫

共和国用共和历

经讨论，共和国决定废除公历，采用新的革命历法。共和国诞生之日，即1792年9月22日，为共和元年元月元日。每年12个月，依次为葡月、雾月、霜月、雪月、雨月、风月、芽月、花月、牧月、收月、热月、果月。特此告知。

法兰西第一共和国国民公会

第11期

〖公元1795年—1821年〗

拿破仑大帝

穿越必读

法国大革命结束了。结束它的是一个叫拿破仑的将军。拿破仑个子虽小，能量却很大。他开创了法兰西第一帝国，先后五次打败了反法同盟，差一点儿就统一了欧洲……

顺风快讯

督政府差点儿被掀翻
——来自法国巴黎的加急快讯

（本报讯）1795年10月，巴黎的街头乱成了一锅粥。

原来，热月政变后，"热月党人"独掌法国大权，成立了一个新的政府机构——督政府。

可是，督政府软弱无能，既没有阻止物价飞涨，也没能打击商贩，老百姓还是过得惨兮兮的。于是，一群叛乱分子纠结了两万多人向王宫发动袭击，想推翻督政府。

督政府急得团团转，关键时刻，有人想起一个叫拿破仑的军官，让他带几个人去平定暴乱。

拿破仑从仓库找来几十门大炮，对准叛乱分子一顿乱轰，不到几个小时，就把他们轰散了（史称葡月政变）。督政府转危为安，拿破仑被提拔为将军。

从此，整个法国都知道了，有个叫拿破仑的大英雄。

来自法国巴黎的加急快讯

小个子英雄不简单

据了解，这个叫拿破仑的军官，今年只有26岁，长得貌不惊人，却在一夜之间成为炙手可热的大人物。他是谁，是从哪里来的呢？相信大家一定很好奇，现在小编就给大家介绍一下。

拿破仑全名叫拿破仑·波拿巴，出生在地中海一个叫科西嘉的小岛上。说来也巧，在他出生之前，科西嘉岛属于意大利，出生后，就划归法国了，所以，他就成了一个法国人。

长大后，父亲把他送进了法国的一所军事学校。那里的同学见他个子矮，又说一口奇怪的科西嘉话，笑话他是个乡巴佬。为此，拿破仑没少和同学动手，你打我一次，我就还你一次。慢慢地，同学们就再也不敢欺负他了。

虽然老打架，但拿破仑的学习一点也没耽误，尤其是数学和历史。有一次，为了解开一道数学难题，他把自己关在屋子里，想了三天三夜，直到解出答案为止。

经过几年的军校锻炼，拿破仑成长为一名优秀的军人。在一次打败反法同盟的大战中，立下大功，年纪轻轻就晋升为将军——这可是法国有史以来最年轻的一位将军呢！

只可惜，罗伯斯庇尔下台后，他也被认为是罗伯斯庇尔一伙的，不但被强制光荣退休，还坐了100多天的牢。直到这次平叛，他才再次回到军队。

接下来，他还会有什么优秀的表现呢？

比阿尔卑斯山高一米七的人

法国除掉了自己的国王，欧洲各国的君主都很担心，怕自己国家的人跟着学样，那就麻烦大了。所以，战争又一次爆发了。

立了功的拿破仑，主动要求政府给他一支军队，去攻打意大利。可接过军队一看，装备差劲不说，士兵除了老的，就是小的，穿得也破破烂烂，连佩剑也是断的，拎出来，活脱脱一个丐帮。

这样的军队，能打胜仗吗？全欧洲都哈哈大笑。

但拿破仑毫不在意，他站在一个弹药箱上，发表了一次热情的演讲："兄弟们，你们想改善伙食吗？想穿新军装吗？想发财吗？想为祖国赢得荣誉吗？我带你们去意大利！

"士兵们，虽然你们穿不暖，吃不饱，但你们一直具有坚韧不拔的精神，是法国军队学习的榜样，能和你们向世界各地进军，我深感荣幸。希望各位能和以前一样，成为法国军队的楷模！前进吧，世界就在我们的脚下！"

士气低迷的士兵们听了拿破仑的话，都倍感振奋。

可是，去往意大利，要翻过欧洲的第一高山——阿尔卑斯山。还记得之前有谁翻越过这座山吗？对，只有古代迦太基的汉尼拔。

而这次，军队还带着沉重的枪支大炮。要翻过这座大雪纷飞的阿尔卑斯山，怎么可能呢？

"不可能？"拿破仑生气地说，"在我拿破仑的字典里，没有'不可能'这个词！"

世界风云

我可是比阿尔卑斯山还要高的人!

后来,这支乞丐军队果真翻过了阿尔卑斯山。

站在阿尔卑斯山顶上,拿破仑意气风发地说:"谁说我矮,我比阿尔卑斯山高一米七。"

就这样,在敌人还一头雾水的时候,拿破仑已经带着军队绕到后面,将他们打得落花流水。

回到巴黎后,拿破仑的军队受到了人们的热烈欢迎。拿破仑也一跃成为欧洲的大英雄。

世界风云

给自己加冕的皇帝

  1798年年底，法国传出一个消息：俄、英、奥又来攻打法国了！而这时，拿破仑正在远征埃及。督政府除了干着急外，一点办法也没有。

  "这群笨蛋，快把我的胜利果实全弄丢了！不行，我必须回法国！"拿破仑听到这个消息，埃及也不打了，坐着船赶回了巴黎。

  "拿破仑回来了！我们的救星回来了！"

  人们对他的归来表示热烈欢迎，并推翻了之前的督政府，选他担任新政府的第一执政官，和另外两个人一起治理法国。

  不久，拿破仑又当上了终身执政官。这意味着，除非他死了，不然，他这一辈子都是法国的"老大"。但拿破仑觉得还是不过瘾，到了1804年，他又把法兰西共和国改成了帝国（史称法兰西第一帝国），当上了法国皇帝。

  我们知道，在这之前，欧洲只有一个皇帝，那就是神圣罗马帝国皇帝，而且是由选帝侯选出来的，还必须去罗马，由教皇加冕。

  但拿破仑才不管呢，他把教皇叫到巴黎来举行加冕仪式。

  当教皇捧着皇冠走到拿破仑面前时，拿破仑一把抓过皇冠，

我要当皇帝！

世界风云

戴在自己头上，还给皇后戴上了皇冠。

所有的人都为这一举动震惊了，但拿破仑一点也不在乎，因为他觉得这个皇帝是大家选出来的，是由士兵用宝剑赢回来的，跟教皇一点关系也没有。

拿破仑当了皇帝后，百姓们也没有反抗他，因为现在的法国已经大变样——

所有的骚动都停止了，士兵们可以按月领到薪水，破旧的桥梁修复了，新的马路也动工了，教堂的钟声又敲响了，学校的大门又打开了，街头又多了很多画家、音乐家……法国和多个国家签订了和平条约，人们觉得，好像又回到了路易十四的和平年代。

为了更好地治理国家，拿破仑还编了一套《拿破仑法典》。这套法典与古时候的《汉谟拉比法典》以及《查士丁尼法典》，并称为世界上三大法典。后来，别的国家在制定法律时，都会参考一下这套法典呢。

自由广场

我们的欧洲战神

法国某商人

号外号外！反法同盟又来打我们了！这已经是第五次了，每一次都打不赢我们，何必像疯狗一样，死咬着我们不放呢？

还不是看我们越过越好，他们嫉妒、害怕了呗！本来陛下不想打仗，但英国国王说，要想和平，唯一的办法就是把王位还给法国王室。这不是欺负人吗？凭什么只有贵族能当国王？

法国某裁缝

莱茵邦联某作家

那他们也不看看自己有几斤几两？我们陛下个子虽小，哈一口气，就能让八百多年的神圣罗马帝国亡国，再哈一口气，就能把普鲁士吹掉！欧洲战神非他莫属！

现在整个欧洲几乎都是法国的天下。我们的陛下可忙得很啊，要管的地方太多了，什么意大利、埃及、荷兰、比利时、莱茵邦联（原神圣罗马帝国的十几个邦国）、西班牙、葡萄牙啊……哈哈！论本事，只有恺撒大帝、亚历山大大帝才比得过。

法国某科学院院士

意大利某老太太

哎，要是在我的有生之年，能看看我们的战神长什么样子，我这辈子就算没白活了！

奇幻漂流

我想统治整个欧洲

编辑老师：

　　你好！我有一个梦想，那就是统一欧洲。但要征服欧洲，必须先要征服英国。只可惜，英国的海军十分强大，短时间内，我们还拿它没办法。所以，我想了另外一个办法，那就是对英国进行封锁，禁止欧洲各国和英国往来，让他们不战而败。

　　这个方法很有成效，其他的国家都照着做，只有俄国和我对着干。虽然法俄两国以前是同盟，但我知道，俄国也不想让法国变得更强大，迟早要和我拼个你死我活。既然英国现在打不了，那我就先率领60万大军，去收拾俄国。你觉得如何？

拿破仑

尊敬的陛下：

　　您好，要说您在欧洲打遍天下无敌手，真是一点儿都不夸张。但如果您要进攻俄国，还是要慎重一点。

　　俄国地大物博，距离法国也十分遥远。稍有偏差，军队的补给就很难跟上。现在又是冬天，天气特别寒冷。很有可能还没开打，兵马就先冻死了。之前的瑞典国王查理十二世，就是这样被打败的。

　　所以，我劝您还是不要招惹俄国为好。

（注：拿破仑攻打俄国失败后，欧洲各国趁机将他团团包围。拿破仑被迫放弃皇位，被流放到一个小岛上。）

拿破仑又回来了

1815年3月1日，欧洲各国在维也纳召开会议，准备瓜分法国的领土。

正吵得不可开交的时候，一个大臣慌慌张张地跑进大厅，高声叫道："不好不好了！拿破仑逃出来了！"

原来，拿破仑被流放之后，波旁的王子再次登上了法国王位（史称路易十八）。但法国人对这个国王并不买账，甚至公开表示"十分想念拿破仑"。

拿破仑知道后，就带着一支军队逃离地中海，悄悄地回到了法国。

据说，老百姓像欢迎救世主一样欢迎他的归来："拿破仑回来了！皇帝回来了！"

就连国王派去镇压的军队见到老上级——拿破仑，非但没有一个人开枪，反而高喊着"皇上万岁"，并投入到他的麾下。

就这样，拿破仑一路绿灯地回到巴黎，重新登上了皇位。

维也纳的代表们听到这个消息，大为震惊，立即组织第七次反法联盟，纠集70万大军，准备杀向法国。

相比之下，法国的情况就糟糕透了。全国凑来凑去不到20万兵力，拿破仑的身体也大不如前，他的将军们也大多老了、死了，不能再为他效力了。

在这种情况下，拿破仑决定在联军军队还没有全部会合之前，

世界风云

先把实力最强的英普联军干掉。

他先是率军开往比利时，打败了普军，接着在一个叫滑铁卢的地方，向英军发起了猛攻。

英军的指挥官叫威灵顿，人称"铁公爵"，率领英军奋力抵挡。战争进行得十分激烈，从中午一直打到下午，战士们一个个都筋疲力尽，疲惫不堪。这时候，只要谁的援军先到，谁就能获得胜利。

结果，最终赶来的却是先前被拿破仑打败的普军，拿破仑的救援军队迟迟未到。在英普军队的夹击下，法军寡不敌众，大败而归。

之后，拿破仑被英国人带走，关在大西洋一个很偏僻的小岛上，再也没有出来。

然而，有人问战争的胜利者威灵顿公爵："谁是您心目中最伟大的将领呢？"

公爵却回答说："现在，过去，将来，只有拿破仑。"

名人来了

特约嘉宾 拿破仑（简称"拿"）

越越（简称"越"）

> 嘉宾简介：法国人的皇帝。一个恺撒大帝般的人物，率领法军赢得了一次又一次胜利，建造了一个强大的法兰西第一帝国。他的精神，他的成就，将永远是法国人的骄傲。

越：国王，哦不，将军……您好！

拿：呵呵，你也不知道该如何称呼我了吧？干脆叫我岛主好了。

越：不，您永远都是我心目中的战神！

拿：呵呵，战神？你忘记滑铁卢战役了？

越：没忘记。现在人们一讲到重大失败，就会说是遭遇了"滑铁卢"。但这有什么关系？汉尼拔不是失败了吗？但现在有几个人记得打败他的是谁呢？那打败您的将军是谁来着？

拿：是英格兰的威灵顿。这人先后被英、俄、奥、普、汉诺威、葡、西、荷八国授予元帅军衔，不简单。

越：噢，与这样的高手交锋，您应该更加小心才是。

拿：打败我的，并不是他，是天公不作美，是将领不卖力。如果没有这些原因，那场战争也应该是我赢的！

越：哦。

拿：不过，要不是威灵顿为我说话，我可能早被那些人给宰了。

越：他打败了您，又不让人处死您，还把您送到岛上来晒太阳，这是为何？

拿：也许是惺惺相惜，也许是怕法国再出乱子，也许是因为我曾经当过皇帝，不清楚。

越：那确实，您现在还有很多粉丝，大家都很想念您。

拿：惭愧啊，我有什么可想念的呢？我上台时，他们是贫困的；离开时，他们依

名人来了

旧是贫困的。

越：这不能怪您，您一生打了40多场胜仗，要不是反法同盟搞鬼，您几乎已经拿下了欧洲。

拿：不管我打了多少胜仗，一场滑铁卢战役，就能把这些成绩抹得干干净净。——不过，我有一样东西，相信一定会永垂不朽。

越：什么东西？

拿：就是我的《拿破仑法典》。

越：哦，为什么？

拿：之前的宪法，都是国家的根本大法，解决不了民事问题，比如做买卖被骗了，怎么办？跟妻子离婚了，财产怎么分？被人打了，怎么要求赔偿？这些宪法都不管，但这些法，我的法典里都有。

越：那还真是一部实用的法典。

拿：算了，不提了！过去的辉煌已经过去了！我现在早起看日出，白天骑马、散步、看看书，一天就过去了……

越：有没有想过再杀回去？

拿：唉，没这个想法，也没这个精力了。

越：如果您再次回去，老百姓还是很欢迎您的。

拿：（笑）如果我被推上断头台，老百姓同样也会去凑热闹的。

越：……（沉默了一会儿，有人来敲门）

拿：好了，探访时间到了，今天就到这里吧！

越：您老多保重！再见！

（注：拿破仑在岛上生活六年后就死去了。）

广告贴吧

布匹大甩卖

想要你的服装变得更加体面、更加绚丽多彩吗？因国内动乱，本店暂停营业，所有布料进行清场甩卖，现有少量绒面呢子，还有各种颜色的棉布、丝绸出售，黄的、蓝的、绿的、粉的，总之，您想要的颜色都有哦。

多而美布料店

破译埃及象形文字

历史学家商博良先生在随拿破仑将军出征埃及期间，发现了埃及文字的重大秘密。近日，他将举办讲座，公布这些珍贵的研究成果。这是第一位破解古埃及象形文字及罗塞塔石碑的学者，意义非凡，还请大家多多支持。

法国科学院

院士投票公告

近日，由于本院院士之位出现一席空缺，自荐的人太多，为公平起见，只能进行投票竞选。现将投票结果公布如下：拿破仑获得305票，占投票人数将近一半之多，成功获得本院院士头衔。

在此，特向我们的统帅表示热烈的祝贺。

法国科学院

第 12 期

〖公元 1801 年—1830 年〗

拉丁美洲的大救星

穿越必读

继美国独立之后，拉丁美洲也闹起了革命。杜桑、伊达尔哥、玻利瓦尔、圣马丁……一个又一个伟大的人物，投入到这场独立运动当中。海地、墨西哥、哥伦比亚、阿根廷等国家相继独立，沉重地打击了法国、西班牙和葡萄牙的殖民统治。

顺风快讯

第一个黑人共和国成立了
——来自海地的加急快讯

来自海地的加急快讯

（本报讯）1804年1月1日，一条爆炸性的消息在拉丁美洲传播开来——

世界上第一个黑人共和国——海地共和国诞生了！黑人们从此站起来了！

海地是加勒比海的一个岛屿，被西班牙人统治过一段时间，后来又被法国人占领了。在这之前，岛上的黑人饱受摧残。

所以，法国大革命爆发后，黑奴们喊出"宁死不当奴隶"的口号，第一个在拉丁美洲闹起了革命！

1801年6月，在领袖杜桑·卢维杜尔的带领下，黑人们把法国人、西班牙人、英国人统统赶走，宣布从此废除奴隶制度，所有人不论什么肤色，在法律面前一律平等。

法国人不甘心失败，假惺惺地要与杜桑谈判。杜桑信以为真，只身前去，结果被敌人逮捕，死在牢中。

然而，这一切并没能消除黑人们战斗的决心，最终他们还是打败法国，实现了渴望已久的独立。

世界风云

多洛雷斯的呼声

自从阿兹特克帝国灭亡后，墨西哥被西班牙人统治了长达300年的时间。

公元1803年，一个叫伊达尔哥的神父，来到墨西哥的多洛雷斯村——一个印第安人居住的地方。这里的人不是被西班牙人屠杀，就是被逼迫做了奴隶，过着猪狗不如的日子。

伊达尔哥虽然是个白人，却很同情他们的遭遇。他和当地人交朋友，教他们种桑，养蚕，酿蜂蜜，希望帮他们改善生活。

然而，西班牙当局却不喜欢这样，怀疑他，监视他，还派人毁坏了他的种植园和桑林。

面对这样的迫害，伊达尔哥怒了。他明白，要想让当地人得到解放，必须把西班牙人赶出去！于是，他开始悄悄地在人们当中宣传法国大革命和美国独立战争，告诉他们什么叫独立，什么叫平等，什么叫自由。人们听了这些话，无不热血沸腾。

1810年，当法国军队占领西班牙的消息传来后，伊达尔哥觉得机会来了，准备发动起义。不料西班牙人不知从哪听到了风声，要逮捕他们。怎么办？逃跑，还是束手就擒？伊达尔哥想了又想，最终决定提前起义。

9月16日的这天，天还没亮，多洛雷斯村就响起了一阵钟声。"发生什么

世界风云

事了？"人们从四面八方涌到教堂周围。

这时，伊达尔哥走上讲坛，用洪亮的声音问道："孩子们，你们愿意获得自由吗？三百年前，可恨的西班牙人夺取了我们先祖的土地，你们愿意把它夺回来吗？"

人群顿时爆发出一阵怒吼："愿意！""独立万岁！""美洲万岁！""绞死这帮西班牙强盗！"

于是，一场轰轰烈烈的战争在"多洛雷斯的呼声"下，拉开了序幕（史称墨西哥独立战争）。每到一个地方，伊达尔哥就命令奴隶主们释放所有的奴隶，把土地还给印第安人。这些法令吸引了很多穷苦的百姓。短短一个月，队伍像滚雪球一样，从几千人迅速壮大到8万人，打了很多胜仗。

西班牙一看急了，立即组织一批精兵，对起义军进行疯狂反扑。起义军指挥不力，损失惨重。在撤退中，58岁的伊达尔哥被叛徒出卖，英勇就义。

伊达尔哥的学生和战友们悲痛万分，纷纷表示，一定要继承伊达尔哥的遗志，跟敌人斗争到底！最终，他们在1813年11月，赶跑了西班牙人，为墨西哥赢得了独立！

为了纪念多洛雷斯起义那一天，墨西哥人将9月16日定为墨西哥的国庆日，并将伊达尔哥尊称为"国父"。

世界风云

南北巨子会谈，圣马丁"出走"

墨西哥的革命之火，以燎原之势，燃烧了整个南美大陆。没多久，北边和南边出现了两支实力强大的军队。

北边的指挥官叫玻利瓦尔，出生于委内瑞拉，从小不愁吃不愁穿，是个不折不扣的"富二代"。但他十几岁去西班牙留学的时候，却被当地一个小警察狠狠地羞辱了一番。这让他深深感到，即便他再有钱，血统再高贵，在西班牙也是不受欢迎的。从此，他立志要把西班牙人从南美洲赶出去。

一开始，他的事业很不顺利。但他并没有灰心，而是越战越勇，越战越猛，最后一举击败西班牙殖民者，解放哥伦比亚等西北部地区，并将它们合在一起，成立了一个庞大的"大哥伦比亚共和国"，人们称他为"南美洲的解放者"。

南边的指挥官叫圣马丁，出生于阿根廷，是个地地道道的"军二代"，从小在军营里摸爬滚打，无论是脑瓜儿还是体力，都胜出别人好几截。他用两年的时间，训练了一支由黑奴和印第安人组成的"安第斯军"，解放了智利、秘（bì）鲁和阿根廷等南部地区，被推举为秘鲁的"护国公"。

这一南一北两支军队，搞定了南美洲绝大部分国家和地区，最后只剩下一块土地——上秘鲁。

公元1822年7月25日，为了共商大业，玻利瓦尔和圣马丁两人在瓜亚基尔城会晤。两个人一见面，就给了对方一个大大的拥抱。

玻利瓦尔向圣马丁伸出热情的双手说："我终于实现了与圣马丁将军握手的愿望！"

圣马丁也高兴地说："美洲将不会忘记我们两人相互拥抱的这一天。"

然后他们肩并肩，愉快地走进了会谈大厅。

人们对他们的会谈激动万分，期待他们的联合，能把南美土地上的侵略者统统赶走。

然而，会谈结束后，圣马丁神情严肃地走出了大厅，玻利瓦尔也是一脸神秘。由于没有任何第三者在场，两个人又都守口如瓶，谁也猜不出他们谈了些什么。

当天晚上，圣马丁悄悄地返回了秘鲁。不久，他在秘鲁议会上宣布，辞去国家首脑的职务，并交出了军队的指挥权。

议员们都大吃一惊，劝他不要这么做，但圣马丁还是拒绝了大家的挽留，在一个漆黑的夜晚，带着女儿，悄悄地乘船去了欧洲，再也没有回来。

而在这之后，玻利瓦尔将两个人的军队合二为一，与西班牙军队继续战斗，最终解放了南美洲。为了纪念玻利瓦尔，人们将上秘鲁改名为玻利维亚。而阿根廷的人则把圣马丁尊为"国父"。

圣马丁为何"让贤"

自由广场

智利某平民

论功劳，论能力，圣马丁都远在玻利瓦尔之上，为什么要"让贤"给玻利瓦尔呢？有谁知道他们两个会谈说了什么吗？

我猜啊，一个只有39岁，血气方刚；一个年龄有些大了，身体又不好，就把战场留给年轻、身体好的那一个啦。

委内瑞拉某小兵

秘鲁某将军

圣马丁只比玻利瓦尔大5岁，身体也好得很。应该是玻利瓦尔野心太大，想独吞南美解放的胜利果实。而圣马丁的目标是只要解放南美洲就行，是不是自己领导不重要，所以就把这千古流芳的机会给了玻利瓦尔。哎，这是一种什么样的精神啊，换我我可做不到！

"一山不容二虎。"圣马丁主张建立君主立宪制，玻利瓦尔坚持共和制。如果圣马丁现在不退出，以后两方还是会打起来。那样一来，当初的革命不就白费了吗？况且，自己人打自己人，这是多丢脸的事啊！圣马丁放弃权力，是为了南美的未来，为了人民的利益！南美的人们不会忘记他！

阿根廷某矿工

我是不是该安静地走开

编辑老师：

你好。我是巴西的摄政王佩德罗（史称佩德罗一世），今年23岁。我10岁就来到巴西，算得上是半个巴西人。这些年，巴西人也一直在闹革命。我的父亲（指若奥六世）在离开巴西前，曾嘱咐我说，如果巴西人民又要闹革命，我可以顺应民心，宣布独立，不必听葡萄牙的。

我上任不久，巴西果然又掀起了革命浪潮，一些地区已经率先宣布独立。葡萄牙议会对我的观望非常不满，命令我立刻返回葡萄牙。你说，我该安静地走开呢，还是勇敢地留下来？

佩德罗

摄政王：

您好。巴西是南美洲面积最大的国家，整个南美洲，只有巴西是你们葡萄牙人的地盘。但葡萄牙的殖民者并不珍惜这块土地和人民。对于这种残害和压迫，巴西的人民早已是忍无可忍。您父亲分析得对，现在的巴西比任何时候，都渴望自由，独立已经不可避免。

但是，巴西人已经习惯有一个国王和一个政府，不想再次沦为殖民地。如果您愿意留下来，组建一个新政府，巴西将会减少很多不必要的杀戮。而您不但能保住自己的王位，还能成为巴西的大英雄呢！

（注：1822年9月7日，佩德罗喊出"不独立，毋（wú）宁死"的口号，正式宣布独立，后加冕称帝。）

世界风云

美国总统发布《门罗宣言》

早在1815年9月,俄、普、奥还有英国,一起联合起来,签订了一个同盟,称为"神圣同盟"。他们互相约定,不管哪个国家发生革命,都要联合起来扑灭它。表现最积极的是俄国沙皇,不管哪个国家发生革命,还没等人家邀请,沙俄军队就第一时间赶到,反抗者不分男女,统统屠杀,人称"欧洲刽子手"。

听说南美洲闹革命,"神圣同盟"可兴奋了,立即提出要"帮助"西班牙,收复南美。

只有英国除外,因为南美地区的生意,现在全部转到了英国商船上。要是收复南美,英国的生意就黄了。

所以,英国不但不参加,反而唆使美国出手阻止同盟。

美国好不容易才独立,当然不会眼睁睁地看自己的后院失火。1823年,美国第五任总统门罗发布了一个声明(史称《门罗宣言》),上面是这样写的:

一、美洲与欧洲有不同的政治制

南美洲我来啦!

世界风云

度,任何欧洲人想把自己的制度带到美洲,都是想破坏美洲的和平和团结。

二、美洲是美洲人的美洲。美国不会掺和欧洲的事情,欧洲人最好也不要来美洲搅和。

三、南美大陆已经是独立自由的国家,不再是欧洲任何国家的殖民对象。

总之一句话,希望欧洲各国不要干扰我们以及我们的邻居,否则大家都不好看!

一个刚独立的国家居然敢说这种大话,"神圣同盟"一眼看出,后面是英国在搞鬼。

一个是当地的地头蛇,一个有世界一流的海军,真要动手,后果难以预料。"神圣同盟"只好撤销了远征南美的计划。

《门罗宣言》成功了!很多南美人都松了一口气,对美国感激得不得了。但也有一些人不领情,他们认为,美国这样做,分明是把自己当成了美洲的主人,想做整个美洲的霸主呢!

真的是这样吗?美国接下来会有什么动作呢?还请大家继续关注本报!

名人来了

特约嘉宾
玻利瓦尔
（简称"玻"）

越越
（简称"越"）

嘉宾简介：南美洲著名的革命家、思想家和军事家。他率领军队解放了哥伦比亚、委内瑞拉、厄瓜多尔、巴拿马、秘鲁、玻利维亚等国家，被这些国家尊为国父，这在世界上非常罕见。人们称他为"南美洲的乔治·华盛顿"。

越：玻利瓦尔先生，您好。真没想到，像您这样拥有西班牙贵族血统，坐拥财富无数，仆人过千的人，也会闹革命……

玻：（自嘲）呵，那又怎样？在西班牙人眼里，只要你生在南美，长在南美，你血统再高贵，皮肤再白，也是一只狗！

越：哦，怪不得连伊达尔哥、圣马丁这样的白人都起来闹革命！

玻：嗯，还有，你以为有钱就幸福了吗？我从小就是个孤儿，父母在我不到10岁的时候，就双双去世了……

越：啊，不好意思……

玻：没关系！因为有钱，我比一般人还是好一点，家里还请得起家教老师。也正是我的老师，把欧洲自由、平等的理念传给了我，帮我打开了新世界的大门。

越：所以您后来去了欧洲？

玻：对，去了很多地方，我还参加过拿破仑的加冕典礼，被法国大革命震撼了一把！它让我切实感受到，南美的人要改变，就必须团结起来，也来一场大革命！

越：那您为什么和圣马丁就不能团结起来呢？

玻：我们很团结啊，他还把他的军队交给我了。

越：……呃，我指的是，您为何要赶走圣马丁呢？

玻：（大怒）胡说！谁说是我把他赶走的？！我们是经过友好协商达成的友好协定。

173

名人来了

越：具体怎么个"友好"法呢？

玻：（警惕）这事我和老马已经约好，不跟别人说的，你也不例外。

越：您不说，大家就会乱猜啊，这对您的名声多不好！

玻：（大笑）你的激将法没用，我是不会说的。我只想提醒你一下，老马当时势单力薄，他来找我，是想找我帮忙！

越：那我猜，你们两个都翻越了天险安第斯山，都想征服秘鲁。结果秘鲁让圣马丁解放了，您心里很不爽。所以，眼看南美洲就要解放了，圣马丁急需您的帮助，您想一个人领导独立运动，就趁机让他把权力让给您……

玻：（大笑）哈哈，小记者想象力还挺丰富。

越：我猜对了没？

玻：随你怎么猜。不管过程怎样，我和老马的理想是一样的，那就是解放南美洲，让所有的奴隶获得新生。

越：说得对！——不过，说到奴隶，我倒想起个事，听说秘鲁请求您出任第一任总统，您拒绝了，但他们送您100万比索，您却照单全收，还问他们全秘鲁有多少奴隶，每个奴隶售价多少钱。您这是嫌仆人不够多吗？

玻：你想哪去了？我用这些钱买奴隶，是为了还他们自由！一个国家，如果无法让国民享有自由，那么独立有什么意义？

越：说得对，给您点个赞！那现在大哥伦比亚共和国的情况怎样了？

玻：唉，别说了，都乱成一团了！光是玻利维亚，仅仅两天就出现了三任总统，其中两个总统都是被人杀害的。

越：看来，并不是人人都是圣马丁，再也不会有人让贤了。

玻：（陷入沉思）……

越：谢谢您接受我的采访！再见！

（注：南美洲独立之后，仍然动荡不安。1830年，玻利瓦尔生病去世，大哥伦比亚共和国正式解体。）

求集会门票

听说摄政王亲自创作了一首名为《啊祖国，啊皇帝，啊人民》的歌曲，并将在今晚的爱国集会上演唱。这可是我们巴西的第一首国歌！有谁有这次集会的门票吗？我愿以高出十倍的价格购买，有票者，请在门口等我。

佩德罗的某位铁杆粉丝

关于取消远征南美洲的计划

因美国人强烈反对，英国人也不给力，不但不协助"神圣同盟"，还派出全部舰队帮助南美洲独立。我们没必要为了一个南美洲，得罪整个英国，这次远征南美洲的计划就放弃吧。

神圣同盟

英美言和声明

很遗憾地告诉大家，在争夺加拿大的战争中，英美双方谁也无法战胜谁，现决定握手言和。这场战争没有解决任何问题，只是帮助我们双方确定了两件事，一件是美国不可能吞并加拿大，另一件是英国也不可能恢复对美国的统治。希望大家不要再为了这种不可能发生的事情打仗，让更多无辜的人死去了。

大不列颠及北爱尔兰联合王国
美利坚合众国

智者为王 第4关

1. 法国的国庆节是哪一天？
2. 继英王查理一世之后，又一个被送上断头台的国王是谁？
3. 谁被法国人称为"人民之友"？
4. 罗伯斯庇尔是哪一派的头号代表？
5. 法国大革命之后，建立的是哪个共和国？
6. 除了拿破仑，还有谁率军翻越了阿尔卑斯山？
7. 并称为世界上三大法典的是哪三部？
8. 拿破仑攻打哪个国家失败了？
9. 拿破仑最后一次战役在哪里发生的？
10. 打败拿破仑的是英国的哪位将军？
11. 世界上第一个黑人共和国是哪个国家？
12. 墨西哥的国父是谁？
13. 阿根廷的国父是谁？
14. 哪个地区是为了纪念玻利瓦尔改的名？
15. 是谁想远征南美洲，最后又放弃了？

智者**无敌** 王者**为大**

智者为王答案

第❶关答案

1. 捷克。
2. 1618年至1648年。
3. 荷兰。
4. 英国。
5. 笛卡尔。
6. 古斯塔夫。
7. 斯图亚特王朝。
8. 查理一世。
9. 克伦威尔。
10. 荷兰沦为二流国家，英国取代荷兰，成为海上霸主。
11. 马扎然。
12. 镜厅。
13. 太阳王。
14. 莫里哀。
15. 以海洋、山川、河流、沙漠等，作为国与国之间的天然界线，这样大家就不会打架了。

第❷关答案

1. 彼得大帝。
2. 瑞典。
3. "罗刹"。
4. 彼得大帝和康熙皇帝。
5. 《尼布楚条约》。
6. 光荣革命。
7. 苏格兰。
8. 汉诺威王朝。
9. 莫卧儿王朝。
10. 1759年。
11. 孟德斯鸠。
12. 伏尔泰、孟德斯鸠和卢梭。
13. 牛顿。
14. 狄德罗。
15. 没有，因为他是德国人。

智者为王答案

第❸关答案

1. 普鲁士。
2. 无忧宫。
3. 俄国。
4. 伏尔泰。
5. 啤酒。
6. 伏尔泰和狄德罗。
7. 普加乔夫。
8. 普鲁士、俄国和奥地利。
9. 土耳其。
10. 伏尔泰。
11. 列克星顿。
12. 华盛顿。
13. 1776年。
14. 《独立宣言》
15. 避雷针。

第❹关答案

1. 7月14日。
2. 路易十六。
3. 马拉。
4. 雅各宾派。
5. 法兰西第一共和国。
6. 汉尼拔。
7. 《拿破仑法典》《汉穆拉比法典》以及《查士丁尼法典》。
8. 俄国。
9. 滑铁卢。
10. 威灵顿。
11. 海地。
12. 伊达尔哥。
13. 圣马丁。
14. 上秘鲁,改为玻利维亚。
15. 梅特涅。

世界历史大事年表

时 间	世界大事记
1618年—1648年	欧洲三十年战争
1640年	英国资产阶级革命开始
1688年—1689年	英国确立君主立宪制
1661年—1715年	法国路易十四改革
1689年—1725年	俄国彼得一世改革
1772年—1795年	波兰被多次瓜分后灭亡
1775年—1783年	北美独立战争
1776年	美利坚合众国成立
1789年7月14日	法国资产阶级革命开始
1789年8月	法国制宪会议通过《人权宣言》
1792年9月	法兰西第一共和国建立
1794年	法国资产阶级革命结束
1799年	拿破仑发动雾月政变
1804年1月1日	海地宣布独立
1804年	法兰西第一帝国建立
1815年	拿破仑第二次退位
1810年—1826年	拉丁美洲爆发一系列独立运动